TRILHAS DE APRENDIZAGEM

De Professor para Professor Digital

A539 Amigo, Claudia.

Trilhas de aprendizagem: de professor para professor digital. / Claudia Amigo. - Vila Velha : O Autor, 2022.

250 p. il.

ISBN: 978-65-00-35138-5

1. Mediação Tecnológica 2. Aprendizagem Ativa 3. Educação – Tecnologia 4. Competência Digital 5. Educação – Era Digital 6. Cultura Digital III. Título.

CDD 1.14

CDU 62

CLAUDIA AMIGO

TRILHAS DE APRENDIZAGEM

De Professor para Professor Digital

Aperfeiçoar.Tec Editora
Endereço: Rua Moema, s/ n°, Divino Espírito Santo,
Vila Velha - ES
+ 55 27 99961-7956
contato@aperfeicoar.tec.br

SOBRE A AUTORA

Mestre em Informática e Graduada em Matemática Aplicada à Computação - Universidade Federal do Espírito Santo (UFES). Especialista em EAD e Novas Tecnologias Educacionais (UNICESUMAR). MBA Executivo Empresarial em Gestão Estratégica, Inovação e Conhecimento (ESAB). Experiência em Educação a Distância (EAD) há mais de 20 anos, tendo atuado na elaboração e implantação de Projetos Pedagógicos de cursos de graduação na modalidade a distância e cursos técnicos na modalidade de ensino híbrido. Além de já ter atuado como Coordenadora do curso de graduação EAD, Coordenadora de polo EAD e Conteudista. Atua na Formação de Professores para uso integrado e pedagógico das tecnologias nas ações de ensino e aprendizagem, como Professora e Tutora de cursos de Graduação e Pós-Graduação EAD e na Produção do Material Didático para o ambiente virtual de Aprendizagem. Áreas de interesse: Mediação Tecnológica, Competência e Cultura Digital, Educação a Distância, Ensino Híbrido, Tecnologias Educacionais e Formação Continuada de Professores.

A todos os professores e educadores
que se consideram imigrantes digitais,
e precisam de um passo a passo
para uso de recursos tecnológicos
e de uma tradução didática que os
ajude a integrar a cultura digital aos
conteúdos técnicos de suas aulas.

SUMÁRIO

APRESENTAÇÃO

Fazer algo pelos professores e educadores em geral, em relação à integração da educação e tecnologias digitais sempre foi um propósito profissional, principalmente, para aqueles que já entenderam que ressignificar suas práticas pedagógicas é uma urgência e precisam de um caminho que vá direto ao ponto.

O ensino remoto invadiu o cenário educacional de maneira inesperada por conta da pandemia mundial, exigindo dos professores uma adaptação imediata. Com certeza, foi um momento desafiador e desgastante para muitos professores.

O fato é que estamos em um momento de educação disruptiva, e os profissionais precisam desenvolver competências em relação à cultura digital, inovação e um alinhamento de metodologia, principalmente neste início de século com as mudanças impulsionadas pelas tecnologias digitais. Somente o domínio do conteúdo já não basta, são necessários para a construção do planejamento de aula outros saberes docentes, reflexão sobre a prática e ações de melhoria, objetivando sempre promover uma aprendizagem significativa.

Projetos pedagógicos inovadores precisam de professores que saibam, por exemplo, aplicar a taxonomia de Bloom para a Era Digital, que tenham habilidades para integrar educação e tecnologia em seus planos de aula, usar e domínar metodologias ativas, e processos avaliativos diversificados. Assim, se de um lado, as instituições devem promover formação para desenvolvimento docente, de outro os professores devem ter compromisso com sua educação continuada.

Neste cenário, cresce o conceito de **lifelong learning**, isto é, aprendizagem ao longo da vida, na qual o aprender passa a ser imperativo aos indivíduos deste século. Assim, os profissionais da educação são desafiados a se adaptar e rever suas metodologias para atender às diversas modalidades de ensino: o remoto, o híbrido e a distância, e também, para continuar atuando no exercício da docência na contemporaneidade.

Este livro visa ajudar os profissionais da educação em duas vertentes: na transição para o digital através do desenvolvimento da **competência digital** e na ampliação da **cultura digital.**

O aperfeiçoamento do professor para o professor digital se tornou essencial no auxílio do processo de evolução das instituições de ensino. A **aprendizagem mediada por tecnologias** tem sido uma solução quando aplicada corretamente, visto que é uma linguagem que "conecta" o professor, o aluno (nativo digital) e o conteúdo.

E o que vem a ser um Professor Digital? Um **professor digital** é aquele que utiliza as tecnologias, possui habilidades com elas e ainda é capaz de usá-las com os seus alunos em *situações didáticas*, ou seja, é aquele que possui competência digital e a utiliza para melhorar o seu ensino.

É por meio destes professores que as novas tecnologias serão cada vez mais inseridas nas salas de aula, contribuindo para que o ensino evolua.

Integrar as Tecnologias Digitais da Informação e Comunicação (TDIC) e Docência na formação do professor é alinhar a educação aos interesses dos alunos, que é sempre o ponto de atenção.

É preciso internalizar esta visão de mundo, na qual a apropriação da tecnologia não deve ser centro do processo educacional, mas um recurso indispensável como prática pedagógica de uma sala de aula inovadora, para além de um espaço físico e com infinitas possibilidades para aprendizagem ativa.

O objetivo deste livro é ajudar você a trilhar este caminho, desde ampliar sua cultura digital até o desenvolvimento das competências digitais para chegar ao resultado desejado: a inclusão da cultura digital em suas práticas de ensino.

As práticas apresentadas aliam o desenvolvimento da competência digital do professor ao ensino, possibilitando o uso de novas metodologias. Com as tecnologias aplicadas à educação o professor poderá elaborar aulas mais inovadoras e, consequentemente, mais atraentes, mais personalizadas, mais interativas, estimulando a curiosidade dos alunos por novas descobertas e experiências digitais; enfim, engajando e despertando o interesse do aluno para o processo de ensino.

Por se tratar de um **livro interativo,** a linguagem é predominantemente dialógica, direcionando o leitor a uma experiência prática, autônoma, através de um *passo a passo* das ferramentas indicadas, com vídeoaulas, tutoriais, roteiros, a fim de auxiliá-lo a trilhar o caminho do *offline* para o *online*.

A **metodologia** adotada para o formato do livro visa equilibrar a *atenção* e o *tempo necessário* para que o professor, no momento escolhido, tenha a aprendizagem garantida. A organização do conteúdo segue as três grandes dimensões propostas por Belloni (2009): *Tecnológica, Pedagógica e Didática.*

Na prática, espera-se que o resultado desejado ocorra através dessas dimensões integradas ao uso de microaprendizagens, que, segundo Filatro e Cavalcanti (2018) é uma modalidade que responde à crescente necessidade de aprendizagem ao longo da vida ou aprendizagem sob demanda apresentada pela sociedade atual.

Para aperfeiçoar *ações* de ensino e aprendizagem o professor contará com roteiros direcionados aos planejamentos das aulas, ou seja, em como fazer o uso integrado e pedagógico das tecnologias. Esta intencionalidade é que vai garantir um plano de aula que promoverá aprendizagem ativa, autonomia, o desenvolvimento de competências técnicas e socioemocionais, além do autoconhecimento e autoavaliação do aluno. Este deve ser o propósito dos projetos pedagógicos contemporâneos.

Como a trilha de aprendizagem vai contribuir com seu aperfeiçoamento?

O livro é dividido em trilhas de aprendizagem, privilegiando a construção do percurso pelo professor/aprendiz, na qual cada trilha representa um eixo, uma perspectiva que ampliará a cultura digital juntamente com a competência digital do professor.

A construção do livro em trilhas partiu do princípio de que ninguém aprende da mesma forma que o outro, pois temos diferentes estilos de aprendizagem e aprendemos de forma não-linear. As trilhas de aprendizagem devem proporcionar ao professor/aprendiz a ideia de liberdade e autonomia para construir o próprio caminho.

A construção das trilhas também está vinculada aos pilares da educação propostos para a UNESCO por Jacques Delors (2005): aprender a conhecer, aprender a fazer, aprender a conviver, aprender a ser.

Cada trilha possui rotas que vão favorecer uma *aprendizagem ágil e contínua*, pois levam o professor a conectar a experiência do passado à nova situação do presente. O potencial do aprendizado ocorrerá através de uma "*competição própria*", promovida pela leitura do livro, os acessos dos conteúdos virtuais e as atividades práticas.

As trilhas possibilitam trabalhar as necessidades e expectativas *pessoais e profissionais*, para que **conhecimentos, habilidades e atitudes** sejam desenvolvidos na mesma proporção, além de apresentar uma **sequência de experiências** que ao serem vivenciadas garantam a efetividade na apreensão de novas competências.

Através da *personalização* e *experiência ativa* do professor/aprendiz na leitura do livro, a formação cumprirá o papel de desenvolver a competência digital e a criatividade para a construção de seus planos de aula, resultando no alcance dos **objetivos de aprendizagem**.

A flexibilidade necessária ao professor/aprendiz foi cuidadosamente pensada quando foi feita a escolha de adotar para as rotas a microaprendizagem, a aprendizagem móvel com os microconteúdos, trazendo assim, a oportunidade para os professores aprenderem a todo o momento, de maneira informal e sem a necessidade de ordem para a leitura.

Todo o livro promove a **personalização do ensino** com a integração das partes *pedagógicas e tecnológicas*.

A finalidade é produzir o conhecimento necessário integrando sequências estruturadas de conteúdo teórico e experiências através de **microconteúdos.** Com diferentes elementos as trilhas vão funcionar como instrumento para aceleração do processo de aprendizagem e de aplicação do conhecimento.

A união entre estratégias pedagógicas e tecnologias digitais promove novas formas de pensar e construir competências para a vida. Mesmo com todas as incertezas quanto ao futuro profissional, uma coisa é certa: para atender às novas exigências e continuar inserido no mercado de trabalho, o desenvolvimento da competência digital passa a ser fundamental em todos os aspectos.

Espera-se que o conteúdo do livro eleve o patamar dos professores e educadores quanto ao desenvolvimento da competência digital e sua aplicação em construção de aulas mais ativas, além de ampliar as possibilidades deste profissional do conhecimento, em projetos futuros, como trilhar o caminho do empreendedorismo digital.

É possível? É claro, este será um ponto de partida e o resultado vai depender do esforço individual. Como assim? Vamos lá!

⏭ Para quem é este livro:

☑ Para aqueles que se julgam **imigrantes** em um mundo cada vez mais digital e que precisam aprender a **inovar em seus planos de aulas** incluindo uma cultura digital.

☑ Para aqueles que **não abrem mão da experiência que o livro** proporciona, os momentos de aprendizagem offline e que precisam de um suporte didático para sua **transição digital e educação digital.**

☑ Para aqueles que gostariam de **"mesclar o estudo"**, usando livro físico e as vídeoaulas, disponível para acesso via QR Code.

☑ Para aqueles que precisam de uma **formação integrada** em relação a se tornar um professor no digital, ou seja, **aprender na prática** o uso das ferramentas digitais em situações de aprendizagem.

☑ Para aqueles que precisam de um **método de aprendizado ágil**, que ajude a aprender rapidamente como construir **situações de aprendizagem** integrando as tecnologias digitais.

☑ Para aqueles que precisam de uma formação para **avançar no letramento digital**, ampliando a cultura digital e competência digital para a prática docente.

☑ Para aqueles que já visualizaram o **futuro** e possuem pressa de estudar os **conteúdos que vão direto ao ponto**.

☑ Para aqueles que precisam conciliar a **atenção e o tempo** dedicado à educação continuada, e por isso, uma metodologia de ensino com microconteúdos e pílulas de conhecimento é mais adequada.

⏭ Entendendo a Trilha!

Como dito anteriomente, a leitura pode esr feita de forma aleatória. Você escolhe!

Cada ***trilha*** possui ***rotas*** que tratam de assuntos interrelacionados, no entanto, podem ser lidos de forma independente, apesar de compartilharem recursos comuns, são perspectivas diferentes.

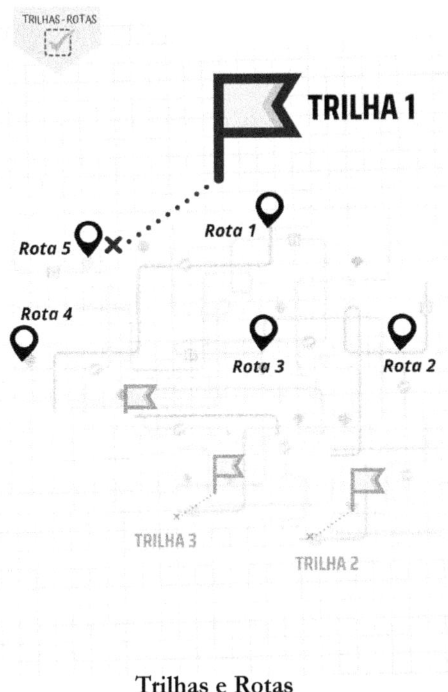

Trilhas e Rotas

Na hora da prática sempre haverá um ***passo a passo*** para tornar seu aprendizado ativo e significativo. O professor/aprendiz poderá participar da **comunidade virtual** criada para os **leitores do livro.** Um espaço onde será possível interagir uns com os outros, trocar experiências e compartilhar informações.

Entenda a linguagem para facilitar sua aprendizagem! Fique atento aos **ícones indicativos** com as **legendas**. Cada um deles norteará sua caminhada.

Estratégia Pedagógica

Situação Didática

Recursos Necessários

Objetivos de Aprendizagem

Conectar e Praticar

Plano de Aula c/ Cultura Digital

Dica de Leitura

Link ou URL

Acesso via QR Code

Comunidade Virtual

⏭ Tudo em um único lugar! Aqui você vai encontrar:

☑ Integração Teoria e Prática;
☑ Videoaulas com acesso via QR Code (+ 10 vídeos);
☑ Tutoriais das ferramentas digitais;
☑ Plano de aula com cultura digital (5 roteiros);
☑ Acesso a comunidade virtual do autor.

Fonte: ícones retirados de flaitcon (freepk, mynampong, justicon, konkapp) e canva.

INTRODUÇÃO

Este livro é resultado de um caminho percorrido envolvendo o uso integrado e pedagógico das tecnologias nas ações de ensino e aprendizagem em cursos presenciais, a distância e híbridos. A partir desta experiência, surgiram inquietações sobre a necessidade de uma "trilha de aprendizagem para a qualificação do professor no mundo digital", em especial, a inovação da prática pedagógica através de uma cultura digital.

É fato que as Tecnologias Digitais da Informação e Comunicação (TDIC) impactaram todos os setores da nossa sociedade e, na educação, as mudanças ocorreram tanto no aspecto do ensinar como do aprender.

A todo tempo observamos mudanças no que diz respeito aos recursos disponíveis na web, fazendo com que os educadores se defrontem com um universo dinâmico e com a necessidade de criar aulas inovadoras, que despertem nos alunos a curiosidade e o desejo de aprender.

Os desafios encontrados vão desde os professores, em suas diferentes gerações e formas de aprendizado, até à comunicação deles no processo de ensino para as diversas gerações.

É possível com alguns cliques criar blogs, sites e projetos colaborativos, no entanto, não é somente o professor aprender a fazer uso de uma ou de várias ferramentas digitais, e sim, saber escolher e incluí-la nos planejamentos de aula. É necessário saber explorar e aplicar o potencial desse recursos para promover uma aprendizagem ativa.

Com a pandemia instaurada no mundo no ano de 2020, vimos a necessidade mais que urgente da adequação na formação dos professores quanto ao desenvolvimento da competência digital. No meio deste cenário de grandes transformações, a adaptação e a qualificação são exigências.

A internet nos oferece uma série de ferramentas e possibilidades e as TDIC nos ajudam a desenvolver diferentes modalidades de ensino: a distância, presencial ou blended (híbrido). No entanto, faz-se necessária uma adequada seleção dos recursos disponíveis e diversos formatos de planejamentos em função das atividades que se queira realizar.

Com o esforço de ter que utilizar e integrar as TDIC, torna-se indispensável também repensar a postura dos profissionais da educação, visto que passam a ser mediadores do processo de aprendizagem com propósito de promover a autonomia do aluno.

Observa-se que a mudança está, portanto, na postura do professor, exigindo que o educador saia da zona de conforto e busque práticas pedagógicas inovadoras. E como trilhar este caminho é o propósito deste livro, ou seja, fornecer subsídios para que os professores possam ter uma visão sistêmica dos pontos que integram o universo da educação contemporanêa norteando sua formação.

Para atingir esse resultado, adotou-se uma metodologia diferenciada, um livro interativo que visa não só dar ao professor uma "experiência" na ampliação da cultura digital em seus planejamentos de aula, mas transformar, mudar a mente frente ao mundo digital.

Pretende-se mostrar como integrar de maneira simples as tecnologias às práticas pedagógicas, além de ensiná-los a usar e aplicar as ferramentas digitais, para que assim, professores e educadores sejam mais qualificados e, como consequência, possam oferecer uma educação de melhor qualidade aos alunos.

A **trilha 1** apresenta a evolução da educação caracterizando as formas de ensinar e aprender. Nesta trilha, as rotas visam socializar e ampliar a cultura digital do professor, contextualizar e fundamentar a revolução digital e seus impactos, bem como mostrar as aplicações na educação e no cotidiano. Para compreender melhor as características da Educação 4.0 e Educação 5.0, e o porquê da necessidade das novas metodologias de ensino, é importante entender o que são as tecnologias emergentes e suas aplicações na educação. É assim que um educador contemporâneo saberá relacionar seus conteúdos ao contexto digital. Por fim, será apresentado ao profissional da educação os pontos-chave para se tornar um Professor Digital que promove o desenvolvimento das habilidades dos alunos para Era Digital.

A **trilha 2** apresenta o percurso para uma sala de aula inovadora, na prática. Mostra por aplicações contextualizadas o que é competência digital para o professor e quais ações são necessárias para fomentar a aprendizagem ativa e híbrida. O ponto de partida será entender o perfil das gerações e seus comportamentos, para assim, criar situações de aprendizagem que promovam o desenvolvimento das habilidades dos alunos para Era Digital. Como Professor Digital aprenderá como a microaprendizagem pode ser utilizada no ensino digital, o valor da aprendizagem móvel, como utilizar QR Code em sua aula e como viabilizar a interação e colaboração com as ferramentas digitais. Enfim, aprenderá incluir a cultura digital no plano de aula.

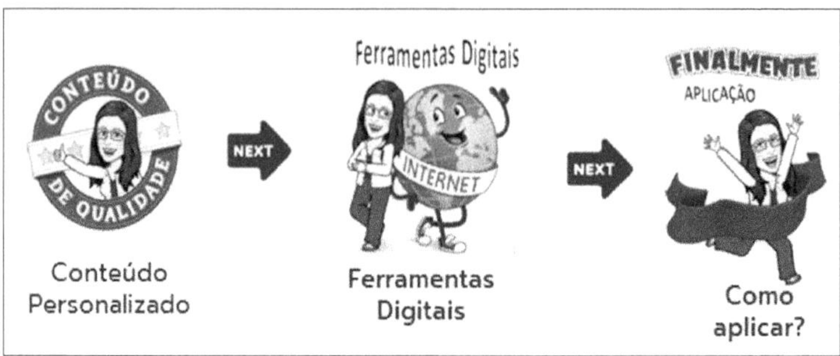

Modelo do percurso didático

A **trilha 3** mostra como inovar nos planos de aula utilizando a taxonomia de Bloom para a Era Digital, ensina a usar a mediação tecnológica nas atividades e avaliações apontando as situações que podem ser exploradas através da comunicação síncrona ou assíncrona. Para isso, teremos disponíveis tutoriais e videoaulas que podem ser acessadas via QR Code, onde mostram passo a passo, como utilizar as ferramentas digitais. Também será apresentado o conceito de metodologias ativas, em especial, um resultado de pesquisa realizada com professores que trabalharam com a modalidade de ensino, a sala de aula invertida.

TRILHA 1

EDUCAÇÃO NA ERA DIGITAL: NOVAS FORMAS DE ENSINAR E APRENDER

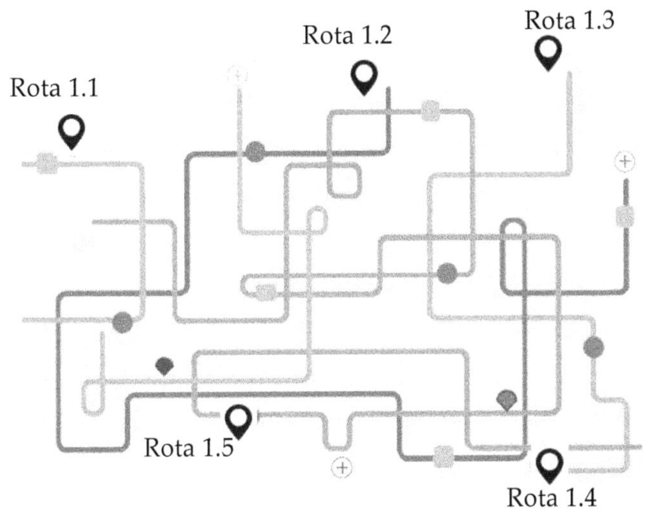

Escolha a rota!

- **Rota 1.1** - Impactos da Revolução 4.0 na Educação.
- **Rota 1.2** - Educação, Professor e Metodologias de Ensino.
- **Rota 1.3** - Características da Educação 4.0 e Educação 5.0·.
- **Rota 1.4** - Tecnologias Emergentes e suas Aplicações na Educação.
- **Rota 1.5** - De Professor para Professor Digital: Pontos-Chave.

ROTA 1.1
REVOLUÇÃO 4.0 E AS MUDANÇAS FUNDAMENTAIS NA EDUCAÇÃO

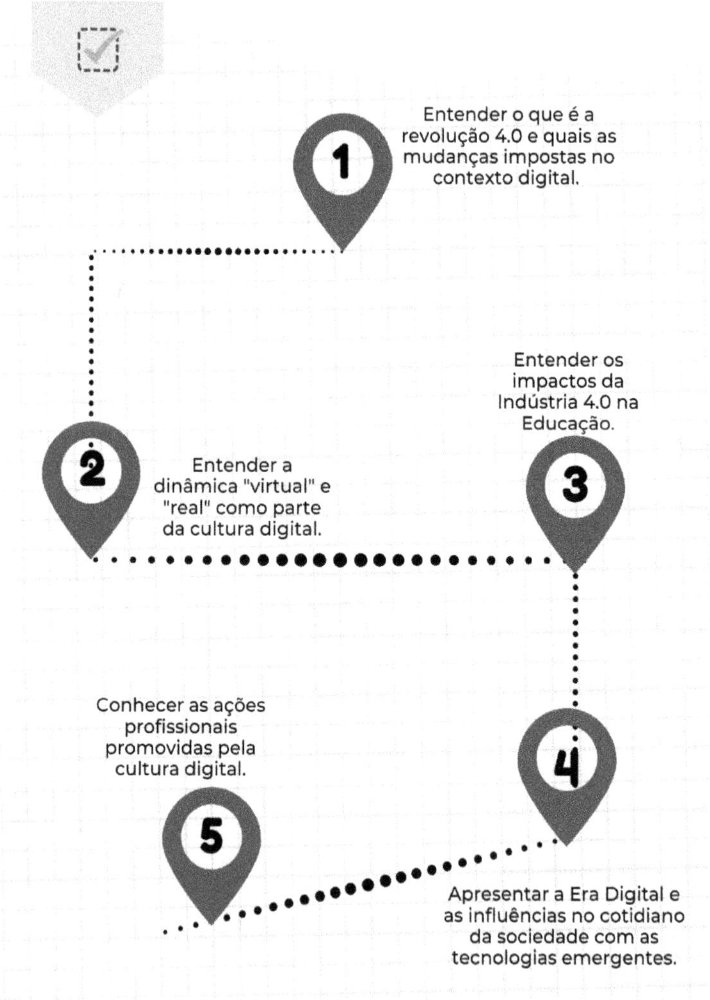

1 Entender o que é a revolução 4.0 e quais as mudanças impostas no contexto digital.

2 Entender a dinâmica "virtual" e "real" como parte da cultura digital.

3 Entender os impactos da Indústria 4.0 na Educação.

4 Apresentar a Era Digital e as influências no cotidiano da sociedade com as tecnologias emergentes.

5 Conhecer as ações profissionais promovidas pela cultura digital.

Historicamente é possível observar que a *medida da evolução humana* é dada pelos diferentes estágios de domínio da *informação e do conhecimento*. Na verdade, a tecnologia deriva da necessidade humana de ampliar seus conhecimentos para aplicar em todas as áreas da sociedade visando o bem-estar.

Algumas dessas tecnologias têm o poder de mudar uma sociedade, é o caso das TDIC que impulsionam a cada dia transformações inevitáveis, sendo a internet a mídia de maior convergência para essa revolução.

Segundo Polizelli (2008), as tecnologias digitais revolucionaram a percepção e a atuação humana sobre o mundo, criando uma impressionante dimensão "virtual" a partir da qual o "real" passa a ser repensado e reformulado. A pandemia mundial acelerou, modificou e solidificou essa revolução.

A Era Digital impõe culturas e práticas, é neste contexto que o conceito de **inclusão digital** deve assumir o seu sentido mais amplo, não representando apenas a possibilidade de acesso aos recursos tecnológicos, mas a capacidade de compreendermos, absorvermos e vivermos sob a influência de uma nova cultura, a cultura digital, com seus paradigmas e implicações em nossas vidas "reais" e "virtuais".

Em paralelo a estas mudanças surgem alguns conceitos-chave que independentemente da atuação profissional precisam ser internalizados, como por exemplo, **conectividade, integração, interação, colaboração, inovação e personalização,** etc.

Segundo Fava (2018) a personalização neste contexto significa adequar as características do produto ou serviço à predileção, prioridade e simpatia do consumidor. Por isso, mudanças são fundamentais em todas as áreas.

No cenário educacional, o professor precisa entender como ocorrem estas mudanças, quais seus efeitos na forma de fazer educação e quais as implicações práticas da presença das tecnologias, tornando-se imprescindível a requalificação profissional.

Cada vez mais será necessário adequar o ambiente educacional às expectativas da sociedade contemporânea, que é **conectada**, **multidisciplinar e integrada,** ou seja, adaptar-se a uma proposta multidisciplinar com influências de diferentes áreas de pensamento, com um escopo amplo que integre o uso de tecnologias de informática e comunicação para a cooperação e compartilhamento de conhecimento entre os atores, a fim de disseminar a formação de competências na população (POLIZELLI, 2008).

Os atores apontados incluem os governos, as universidades e as empresas, que são as bases mais estáveis a partir das quais são estabelecidas as redes que geram a *sociedade da informação*.

Dentro do pensamento teórico de Castells (1999), nossa sociedade é composta como uma rede, na qual cada indivíduo compõe um nó de um grande tecido que reveste o campo social, ou seja, a chamada **sociedade em rede**, sendo a internet a base de organização das relações sociais, culturais e econômicas.

Neste aspecto a globalização e as TDIC podem ser caracterizadas pela dinâmica de trazer para a sociedade e mercado de trabalho *inovações* a cada momento. Mas é a **revolução 4.0** que vai modificar ainda mais as interações humanas e alterar de vez a nossa visão de mundo, sem contar as transformações que ocorrerão em torno de todos os campos, cada vez mais aceleradas. Por isso, antes de abordar sobre a Educação 4.0 é preciso entender o que é essa Revolução 4.0.

⏭ O que é a Revolução 4.0?

Atualmente muito se ouve falar sobre revolução 4.0 e já há na literatura citações da revolução 5.0. Mas o que realmente isso significa? Qual o impacto desta revolução na educação? Uma coisa é certa, estamos em um caminho sem volta.

Veja uma breve apresentação da linha do tempo das revoluções e as tecnologias envolvidas.

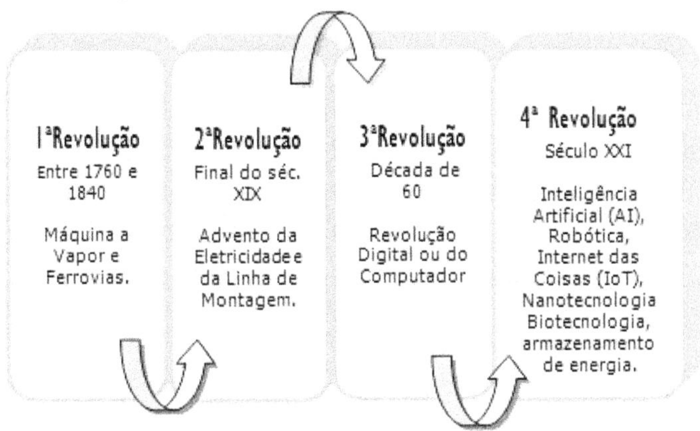

Figura 1: As revoluções e suas tecnologias

Vamos iniciar entendendo o que significa efetivamente esse **4.0**. Segundo Schwab (2019), o **termo 4.0** faz menção ao conceito e uso de Internet inteligente, que afirma que os conteúdos destinados aos internautas serão cada vez mais **personalizados e interativos**. Você já ouviu falar da "Netflix da educação"? Pois é, isso mesmo, o aluno pode consumir conteúdos de acordo com seus interesses.

A *quarta revolução industrial* é impulsionada pela inter-relação de três categorias: ***física, digital e biológica***. Ainda segundo Schwab (2019), o que distingue esta revolução das outras é a *velocidade, amplitude e profundidade* em que ela ocorrerá, além da *fusão* de tecnologias e a interação entre os domínios das três categorias. Como exemplo, podemos citar a nanotecnologia, que atua no desenvolvimento de materiais e componentes para diversas áreas de pesquisa como medicina, eletrônica, ciências, ciência da computação e engenharia dos materiais. Imagine um remédio inteligente, implantado no paciente e com a definição dos horários para liberação do medicamento?

Entenda! Ao contrário das revoluções industriais anteriores, essa evolui em uma *velocidade exponencial e não-linear*, resultante do mundo interconectado em que vivemos. É uma revolução com *amplitude e profundidade*, pois tem a **revolução digital** como base e combina várias tecnologias, levando a mudanças de paradigma sem precedentes da economia, dos negócios, da sociedade e dos indivíduos SCHWAB (2019).

Esta revolução não está modificando apenas o "o que" e o "como" fazemos as coisas, mas também "quem" somos. Não podemos nos esquecer do **impacto sistêmico** que envolve a transformação de sistemas inteiros entre países e dentro deles, em empresas, indústrias e em toda a sociedade.

Enfim, é algo diferente de tudo aquilo que já foi experimentado pela humanidade e que as alterações em termos de *tamanho, velocidade e escopo* estima-se que serão históricas. Não se trata somente de implementar ferramentas para automatizar processos, é algo muito mais profundo e superior.

É uma revolução tecnológica que tem como objetivo conectar os itens usados no dia a dia (geladeira, microondas,...) à rede mundial de computadores, na qual o mundo físico e o digital são transformados em um só, por meio de dispositivos que se comunicam. Assim, cada vez mais será comum ouvir falar nas **tecnologias emergentes** como Inteligência Artificial (IA), Big Data, Internet das Coisas (IoT) entre outras.

*Nesta rota não vamos entrar em detalhes sobre cada uma das tecnologias emergentes, porém **nesta trilha (rota 1.4)** você pode entender cada uma delas e saber quais são as aplicações no contexto educacional.*

⏭ Na prática, qual a relação da evolução da educação com a revolução da indústria 4.0?

No decorrer da história podemos perceber que há uma *interseção* entre a **sociedade, educação e trabalho**, que é a resolução de um problema identificado. Quando ocorre o movimento em um dos pilares, os outros precisam se adaptar. E é por isso que existe a necessidade do alinhamento entre a evolução da educação com a indústria.

Com a premissa de uma sociedade caracterizada pela forte interação com as tecnologias digitais, a mudança da educação não é só uma questão de adoção de novas tecnologias em sala de aula pelos professores. É uma adequação à visão de mundo, de entender que a forma como a aprendizagem ocorre é em meio à interação em rede, sendo assim, a necessidade é de uma mudança de *mindset.* Mais do que nunca vamos precisar saber ensinar e aprender!

A Educação 4.0 é uma educação que começa a responder às necessidades da "indústria 4.0" ou da também chamada *quarta revolução industrial*, na qual as tecnologias se somam para dinamizar os processos nos mais diversos segmentos da indústria.

Neste contexto, com o propósito de contribuir com o futuro profissional dos alunos, é fato que a educação precisa se adequar, mesmo sabendo que não há caminho previamente traçado. O predomínio da **conectividade** impulsiona os profissionais da educação a elaborarem aulas ou tarefas que envolvam as novas tecnologias educacionais. Com isso, projetos pedagógicos e planos de ensino devem contemplar a **integração e colaboração.** É uma mudança do modelo mental, na qual o adequado é não fazer mais do mesmo, e sim inovar, e é esta consciência que vai levar o professor ao sucesso e à permanência no sistema educacional.

A rota 1.1, de maneira geral, contextualiza as mudanças que estamos vivenciando com a revolução digital. Apresenta a dinâmica da relação "virtual" e "real" como influência da cultura e prática em todos os setores da sociedade. A cultura digital nos impõe ações profissionais que envolve a conectividade, integração, interação, colaboração, inovação, personalização e a multidisciplinaridade. Tem-se também o destaque para a internet como a base de uma sociedade em rede.

*Na **Rota 1.2** você poderá entender os impactos que as revoluções promoveram na Educação, no Professor e na Metodologia de Ensino, e na **Rota 1.3** partiremos especificamente para explorar os detalhes da Educação 4.0.*

ROTA 1.2
LINHA DO TEMPO: EDUCAÇÃO, PROFESSOR E AS METODOLOGIAS

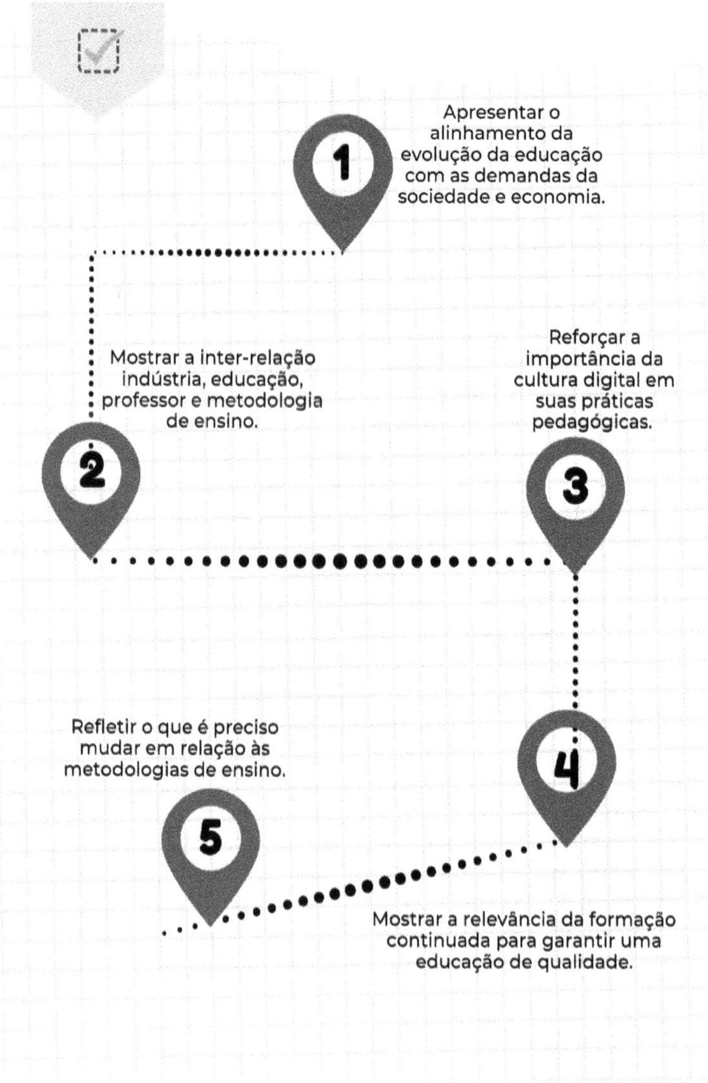

1 Apresentar o alinhamento da evolução da educação com as demandas da sociedade e economia.

2 Mostrar a inter-relação indústria, educação, professor e metodologia de ensino.

3 Reforçar a importância da cultura digital em suas práticas pedagógicas.

4 Mostrar a relevância da formação continuada para garantir uma educação de qualidade.

5 Refletir o que é preciso mudar em relação às metodologias de ensino.

A evolução da educação e, por consequência, da metodologia de ensino, ocorre em um ciclo que se retroalimenta em resposta às demandas da sociedade e economia, o que impacta diretamente o papel do professor.

Figura 2: Ciclo de Evolução da Educação

Através da "linha do tempo" é possível observar esse avanço com suas especificidades, o que será apresentado nessa rota a partir dos trabalhos de Keats e Smith (2007) e Gerstein (2014).

É importante que fique claro para os profissionais da educação que a forma como as pessoas *veem e apreendem* o mundo não podem ser ignoradas. Os professores, como fazem parte desse processo, precisam estar atentos a estas transformações nas suas metodologias de ensino. Para isso, algumas reflexões são importantes, como:

1. O que devemos continuar a proteger nos nossos métodos de ensino (e instituições) e o que precisamos mudar?

2. Por que as principais mudanças estão ocorrendo no processo de ensino e de aprendizagem?
3. Quais as características-chave das tecnologias em relação ao ensino e à aprendizagem?
4. Quais estratégias precisamos considerar para uma aprendizagem ativa?
5. Até que ponto as competências digitais dos professores impactam no processo de aprendizagem do aluno na era digital?

Não se tem a pretensão de dar todas as respostas às questões apresentadas, mas entender o processo de evolução da educação e os pontos de ligação de cada revolução, educação, professor e metodologia de ensino por período podem clarear o caminho.

O que temos ao certo é a necessidade constante da atenção e reconfiguração do sentido e dos modos de ser das instituições de ensino, a necessidade constante da qualificação profissional do educador para contribuir com a formação dos alunos. Fava (2018) diz que, se antes as instituições de ensino tinham a preocupação de melhorar a empregabilidade do egresso, agora com a inteligência artificial e a automação provocando o definhamento do emprego no modelo tradicional, o *foco* deve ser o desenvolvimento de competências, que é formar empreendedores de suas próprias carreiras.

O impacto desta falta de atenção pôde ser comprovado com o isolamento social vivenciado em 2020, quando os professores se viram confrontados com um enorme desafio de mudanças em suas práticas pedagógicas.

Na verdade, a surpresa veio pela velocidade de adaptação exigida, no entanto, já era prevista a necessidade do desenvolvimento de competências digitais dos professores. Com certeza sofreram menos impactos na adaptação os que estavam atentos e preparados.

Na **Revolução 1.0** o trabalho utilizava ferramentas simples e manuais e era caracterizado pelo trabalho no campo, uso da máquina a vapor e crescimento da indústria têxtil e de ferro.

A **Educação 1.0** era elitista, caracterizada por um sistema artesanal, no qual a educação ocorria em pequenos grupos ou até mesmo individualmente. O que se tinha era apenas o acesso à informação e o material didático (livros, cadernos, apostilas, lousa e giz).

O **Professor 1.0** era o centro do processo e o transmissor das informações, representado por nobres, filósofos e intelectuais.

A **Metodologia de ensino 1.0** era caracterizada pela educação tradicional e raramente resultava na produção dos alunos, a prioridade eram atividades individuais, nas quais o aluno aprende com o professor.

Quanto ao papel do aluno, para Gerstein (2014) desdobrava-se em três R's: ***receber,*** ouvindo o professor; ***responder,*** tomando notas e estudando um texto; e ***regurgitar,*** fazendo avaliações como todos os outros e devolvendo as informações recebidas.

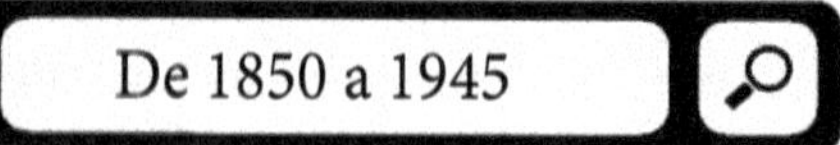

A **Revolução 2.0**, caracterizada pela revolução industrial, passa a utilizar ferramentas mecânicas, promovendo o trabalho repetitivo. Surge aqui novas exigências no mercado de trabalho na formação do trabalhador devido aos avanços na indústria química, elétrica, de petróleo e de aço, dentre outras.

Diante das exigências do mercado de trabalho, na **Educação 2.0** o ensino foi universalizado, padronizado, o estudo passou a ocorrer com a possibilidade de um único professor ensinar a um grupo de alunos ao mesmo tempo.

O **Professor 2.0** passa a ter a função de transmitir conhecimento a fim de adequar o aluno à sociedade e ao mercado de trabalho.

A **Metodologia de ensino 2.0** se caracterizava por tarefas repetitivas, mecânicas, com trabalho individual e salas de aulas rígidas e enfileiradas. As tarefas eram predominantemente repetitivas e solitárias, o estudo privilegiava a mecanização e memorização.

De acordo com Gerstein (2014), o professor orquestrava toda a aprendizagem, direcionando as atividades, habilidades e procedimentos a serem desenvolvidos pelos alunos. Era um ensino padronizado, para gerar trabalhadores programados para o formato fabril.

Prosseguindo, chegamos ao século XX, período de mudanças no papel dos professores e dos alunos com o início do protagonismo estudantil. Pode ser analisado sobre as seguintes perspectivas:

- ☑ Mudanças na sociedade e na economia devido à presença das tecnologias;
- ☑ Uso das TIC no contexto educacional;
- ☑ Adaptação do estudante da atual "geração digital";
- ☑ Etapa de transição para a Educação 4.0.

Segundo Keats e Smith (2007), o educador torna-se guia, ajuda a transferir as habilidades de autoaprendizagem que o aluno já tem no contato informal com a Web para contextos de aprendizagem formal.

Segundo Santaella (2013), a internet é um verdadeiro "cérebro digital global" que pode ser acessado por pequenos dispositivos móveis com conexão sem fio veloz. Assim, é papel da educação preparar os alunos para as novas formas da sociedade se relacionar e trabalhar.

Um novo paradigma surge, exigindo uma mudança mental nos professores, para lidar com o desafio de formar cidadãos com habilidades para:

- ☑ Resolução de problemas;
- ☑ Tomada de decisões;
- ☑ Criatividade e ensamento crítico;
- ☑ Colaboração e comunicação;
- ☑ Habilidade de encontrar, selecionar, estruturar e avaliar a informação.

De 1950 a 2000

A **Revolução 3.0** é caracterizada pelo desenvolvimento de novas tecnologias, que mudaram a indústria, as economias e a sociedade, como exemplo, o uso de robôs para trabalhos mecânicos.

Na **Educação 3.0** surgem novas possibilidades para uma educação colaborativa através do EAD e do Ensino Híbrido. O estudo passa a se organizar a partir de grandes grupos, que fazem a mesma atividade em lugares diferentes ao mesmo tempo.

O trabalho do **Professor 3.0** começa a ocorrer em pequenos grupos interdisciplinares, favorecendo a colaboração entre alunos e professores e inicia-se o uso das ferramentas digitais.

A **Metodologia de ensino** neste período passa a incentivar o uso das ferramentas digitais como recurso pedagógico, o compartilhamento da informação e a valorização do trabalho em equipe. O processo de ensino e aprendizagem teve o foco na preparação das novas gerações para lidar com desafios inéditos. Podemos dizer que a palavra-chave é a aprendizagem via colaboração.

A presença da internet passou a viabilizar muitos projetos, podendo ser realizados colaborativamente, independente de tempo e espaço.

De 2001 aos dias atuais

A **Revolução 4.0** caracterizada pela indústria 4.0 é uma referência às fábricas inteligentes que reunem inovações tecnológicas em automação, controle e tecnologia da informação para aprimorar os processos de manufatura. É focada em alguns pilares como a computação na nuvem, big data, internet das coisas e mobilidade e segurança.

A **Educação 4.0** é uma revolução fundamentalmente diferente das anteriores, pois agora existe um mundo digital ramificado pela internet que possibilita a integração física, digital e até mesmo biológica através de dispositivos móveis implantados nos seres vivos.

Passa a ser urgente ao **Professor 4.0** a aprendizagem do uso das ferramentas digitais em suas aulas. A cultura digital aparece como a linguagem de aprendizagem das novas gerações.

A **Metodologia de ensino** passa a incluir aulas com tecnologias digitais para melhorar o engajamento dos alunos e criar uma aprendizagem ativa, além de gerar autonomia e a possibilidade de personalização da aprendizagem. O aluno passa a viver a experiência da aprendizagem por meio de projetos colaborativos e digitais.

A Educação 4.0 é descrita por Filatro (2019) como inovadora e exponencial. De maneira geral é caracterizada por um conhecimento dinâmico e obsoleto, produção acelerada de novas informações, desaparecimento de carreiras existentes e o surgimento de novas carreiras.

Os profissionais precisam ter visão multidisciplinar e ampla, somente conhecimento técnico não é mais suficiente, é necessário dados e tomada de decisão rápida.

A Educação 4.0 baseia-se no conceito de **Learning by doing**, ou seja aprender fazendo, segundo o Global Summit 2017. É o aprender coisas diferentes e de maneiras diferentes, por meio de experiências, projetos, testes e muita ''mão na massa''. Cabe ao professor criar novas estratégias com as quais os alunos possam aprender fazendo e testando as infinitas possibilidades.

Para obter resultados, os profissionais da educação precisam estar comprometidos com a mudança, sendo criativos e inovadores, para assim criar ambientes propícios para o desenvolvimento de projetos que aproximem os alunos dessa nova realidade e assim transformar a educação.

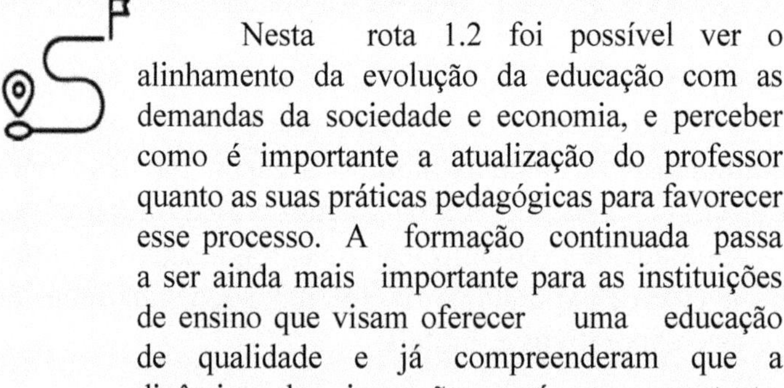

Nesta rota 1.2 foi possível ver o alinhamento da evolução da educação com as demandas da sociedade e economia, e perceber como é importante a atualização do professor quanto as suas práticas pedagógicas para favorecer esse processo. A formação continuada passa a ser ainda mais importante para as instituições de ensino que visam oferecer uma educação de qualidade e já compreenderam que a dinâmica das inovações será uma constante.

*Na **Rota 1.3** você entenderá com mais detalhes as características da Educação 4.0 e da Educação 5.0.*

ROTA 1.3
COMO ASSIM, EDUCAÇÃO 4.0 e EDUCAÇÃO 5.0?

Conceituar e mostrar os recursos necessários para promover a Educação 4.0 e Educação 5.0.

Mostrar como as tecnologias emergentes podem ser utilizadas como recurso para a personalização do processo de ensino e aprendizagem.

2

Mostrar a importância da inovação dos projetos pedagógicos das instituições de ensino.

Apresentar um novo conceito para a educação: a Internet do Comportamento (IoB).

Apresentar as metodologias Inov(Ativas) como resposta às necessidades de novas práticas pedagógicas para Educação 4.0 e educação 5.0.

Nesta rota vamos analisar o termo **Educação 4.0** não somente em relação à evolução tecnológica que estamos presenciando, mas também em relação às necessidades educacionais das novas gerações.

Mas por onde começar? Como promover a inovação e os conceitos da Educação 4.0 em minhas aulas? Precisamos refletir em como a Educação 4.0 vai mudar o modo como aprendemos? Por que está sendo *mais importante* saber porque você precisa de algo, um conhecimento ou habilidade e, em seguida, onde encontrá-lo ou desenvolvê-lo? Por que não é preciso simplesmente acumular conhecimento e saber tudo?

A sociedade do conhecimento na qual estamos inseridos é *conectada*, no entanto, segundo Frauches (2018), não bastam as TDIC, computadores, tablets, smartphones ou qualquer outro dispositivo móvel que seja inventado para que a revolução da Educação 4.0 aconteça, e obtenha êxito completo.

A educação trabalha com o ser humano. O seu "produto" final deve ser indivíduos educados e plenos para o exercício da cidadania, da profissão escolhida e consequentemente influenciar a sociedade com o seu conhecimento, ou seja, um agente de transformação potencial e de qualidade.

Para que isso ocorra, o ponto de partida são os profissionais da educação e os gestores priorizarem a construção, monitoramento e consolidação do projeto pedagógico da instituição. Tais projetos devem ser elaborados a partir de estratégias que analisem o presente e investiguem o futuro, em todos os setores da sociedade.

⏭ Educação 4.0 e Educação 5.0: como assim?

A educação 4.0 deve ter como *foco* o desenvolvimento de *soft skills*, habilidades que dizem respeito às relações interpessoais e as *hard skills* que são as habilidades adquiridas por meio de programas formais de educação ou treinamento.

Também deve contemplar o uso das chamadas tecnologias emergentes, como por exemplo, a ciência de dados, Big Data, Realidade Virtual e Realidade Aumentada, Computação nas Nuvens, Inteligência Artificial e Internet das Coisas (IoT). A justificativa para o uso destas tecnologias é baseada nas estratégias que podem ser elaboradas para melhorar a aprendizagem dos alunos, quando incorporadas ao processo de avaliação. A **personalização baseada em dados inteligentes** é uma tendência, visto que possibilita a análise de desempenho e da aprendizagem dos alunos.

Na *rota 1.4* você poderá conhecer mais sobre estas tecnologias emergentes e suas aplicações na educação. Não deixe de passar por lá!

Como o foco é no desenvolvimento das habilidades humanas, outra tendência é a **Internet do Comportamento (IoB)**, um conceito novo para a educação, mas que tem o propósito de utilizar dispositivos digitais para trazer dados para o *offline*. Na prática é obter informações valiosas sobre os comportamentos, interesses e preferências dos alunos, de modo que os dados controlados pelo utilizador são analisados através de uma perspectiva da psicologia comportamental. Quem nunca clicou em um produto ao acessar a internet e por dias ficou recebendo indicações variadas sobre ele?

Um ponto predominante é a abordagem cognitivista, que pode ocorrer pela aprendizagem aberta e informal, pela diversidade de formatos na educação formal, como o ensino a distância, remoto, híbrido ou pelos novos papéis que desempenham o professor e o aluno. Além dos processos e sistemas de aprendizagem em rede e finalmente, por novas metodologias.

E quais são estas novas metodologias?

Muitos autores abordam as Metodologias Ativas na educação, no entanto, farei uso da perspectiva de educação inovadora adotada por Filatro e Cavalcanti (2018), as chamadas **Metodologias Inov-(Ativas),** que ampliam e repassam uma visão sistêmica das possibilidades existentes quanto às práticas pedagógicas para a Educação 4.0 e por consequência a Educação 5.0.

As abordagens da metodologia proposta dividem-se em quatro grupos: *Metodologias (cri)Ativas, Metodologias Ágeis, Metodologias Imersivas e Metodologias Analíticas.* Tais metodologias possuem características próprias, são elas:

- ☑ **Metodologias (cri)Ativas:** tem-se o uso de ferramentas de comunicação síncrona, aplicativos para colaboração, comunidades, abordagens ativas: Aprendizagem Baseada em Projetos, em Problemas, Design Thinking.

- ☑ **Metodologias Ágeis:** tem-se o uso de ferramenta de autoria, redes sociais, bibliotecas de conteúdos e plataformas de cursos.

- ☑ **Metodologias Imersivas:** envolvem o uso da Realidade Virtual (RV), Realidade Aumentada (RA), Jogos, Gamificação e Laboratórios Virtuais e Remotos.

- ☑ **Metodologias Analíticas:** envolvem o uso da Inteligência Artificial (IA), Internet das Coisas (IoT), Big Data, Robótica, Aprendizagem Adaptativa e Ciência dos Dados Educacionais.

Ainda que o termo "Educação 5.0" esteja em construção, podemos arriscar que a Educação 5.0 é uma evolução natural da Educação 4.0, e que existem características das gerações anteriores que irão prevalecer, pelo menos em relação à essência tecnológica, como por exemplo, a produção de conhecimento de forma ágil, volátil e *aberta*.

E qual a diferença entre Educação 4.0 e Educação 5.0?

Talvez a principal diferença entre a Educação 4.0 e a Educação 5.0 é o fato de que a *primeira* está voltada para atender as demandas do mercado de trabalho (da Indústria 4.0), enquanto a *segunda* cresce dedicada ao bem estar humano, em escala mundial.

O que temos atualmente são os impactos das inovações do *presente* e as possibilidades ainda não previstas para o *futuro*, e a necessidade de educar os professores para atuar no digital.

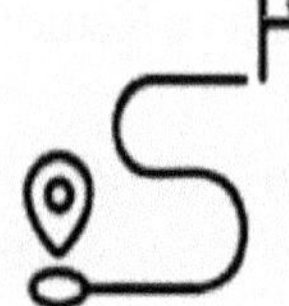

A rota 1.3 revela alguns dos recursos necessários para promover de fato uma Educação 4.0 e a Educação 5.0. Mostra os pontos principais, um projeto pedagógico com características inovadoras, o desenvolvimento das *soft skills* e *hard skills*, apresenta as tecnologias emergentes como recurso para a personalização do processo de ensino e aprendizagem. Além disto, destaca a abordagem cognitivista e as metodologias Inov(Ativas), e apresenta um novo conceito para a educação, a Internet do Comportamento (IoB).

Na ***Rota 1.4*** *você poderá entender melhor os impactos dessas mudanças através do entendimento das tecnologias emergentes aplicadas à educação.*

ROTA 1.4
NOVAS TECNOLOGIAS E SUAS APLICAÇÕES NA EDUCAÇÃO

O profissional contemporâneo precisa atentar para o novo formato pautado em máquinas cada vez mais inteligentes, automações, sistemas robotizados, não basta só saber que estamos conectados globalmente e que temos facilidade de acesso ao conhecimento pelas TDIC.

Rui Fava, em seu livro *"Trabalho, educação e inteligência artificial - a era do indivíduo versátil"*, diz que o grande desafio da educação é preparar profissionais para esta nova realidade, pois a maior parte dos trabalhadores que perderão o emprego não têm competências necessárias para as ocupações que irão surgir.

A implacável velocidade das inovações acarreta uma exigência constante de desenvolvimento de novas habilidades e conhecimentos, tanto pela educação quanto pelo trabalho. Neste cenário repleto de possibilidades, o professor contemporâneo precisa entender que ampliar a cultura e a competência digital é o ponto de partida para tomar posse deste território.

É com as tecnologias emergentes que será possível personalizar o atendimento ao aluno adequando-se às suas características, às dificuldades e aos desafios de sua aprendizagem. O educador precisa entender o que significa isso, na prática.

Entende-se por **tecnologias emergentes** todas aquelas tecnologias que têm potencial *disruptivo*, ou seja, que têm maior impacto e fazem com que a tecnologia empregada anteriormente se torne obsoleta. Como exemplo, temos a transição do *analógico* para o *digital*.

Vamos iniciar pela Inteligência Artificial (IA), que faz parte dessa onda de inovação, que traz grandes mudanças na maneira como pessoas e empresas se relacionam com tecnologia, compartilham dados e tomam decisões, além de ser marcada pela **convergência** de tecnologias *digitais, físicas e biológicas*.

⏭ O que é Inteligência Artificial?

A Inteligência Artificial (IA ou *AI*, de *artificial intelligence*) é sui generis em relação a outras tecnologias, pois está continuamente aprendendo por meio da interação de seus usuários.

A Inteligência Artificial visa automatizar com inteligência as tarefas dos seres humanos. É a capacidade das máquinas de pensarem como seres humanos: aprender, perceber e decidir quais caminhos seguir, de forma racional, diante de determinadas situações. Imagine uma máquina aprender como uma criança. Aos poucos, o sistema (a depender do objetivo para o qual ele foi criado) absorve, analisa e organiza os dados de forma a entender e identificar o que são objetos, pessoas, padrões e reações de todos os tipos.

A Inteligência Artificial, numa visão otimista, *multiplica* a capacidade racional do ser humano de resolver problemas práticos, simular situações, pensar em respostas ou, de forma mais ampla, potencializa a capacidade de ser inteligente. Por isso, os profissionais precisam ser desenvolvidos para a capacidade de se relacionar, resolver problemas, ser mais criativo e inovador.

Ensinar os computadores a pensar, não é tão simples. A questão passa por várias áreas da ciência da computação, como *Machine Learning, Deep Learning e Processamento de Linguagem Natural.* "Todos esses termos juntos compõem tudo o que é a inteligência artificial e apontam para um futuro em que nossas plataformas e sistemas terão inteligência suficiente para aprender com nossas interações e dados."

Um exemplo interessante de como ocorre o aprendizado em máquinas, foi apontado por Fava (2018). Ao digitar *Saci Pererê* no Google e em seguida clicar no ícone *imagem,* automaticamente estará ensinando a IA como é o folclórico personagem brasileiro. Cada consulta realizada faz com que a IA do Google aprofunde mais e mais seu conhecimento sobre o assunto.

A IA pode ser aplicada em diversas áreas, e com a quantidade de acesso que ocorre no Google imagine a inteligência que se pode obter sobre um determinado assunto ou perfil.

Tenha em mente que o desempenho da IA será infinitamente maior em comparação aos humanos, exceto quando se trata de criatividade e inovação.

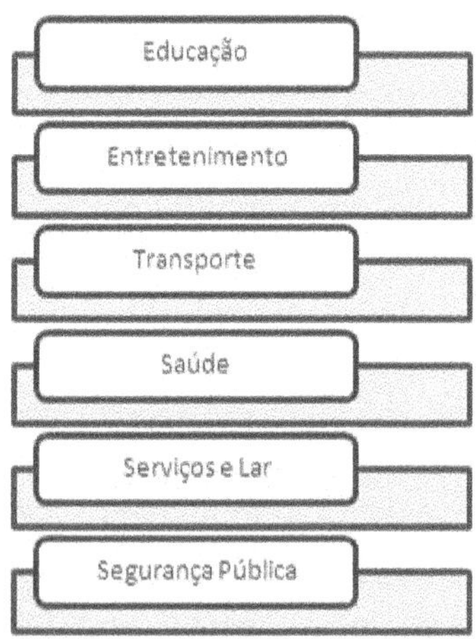

Figura 3: IA no cotidiano

⏭ Aplicação de IA na Educação

Na educação estes **sistemas inteligentes** podem captar informações sobre os alunos para *personalização do processo de aprendizagem.*

Com estas informações tem-se a possibilidade de descobrir os caminhos mais apropriados para cada perfil de aluno, criando tarefas de acordo com os interesses e o desempenho individual, o que torna o processo mais envolvente e valioso para o aprendiz.

Uma das formas de personalizar a trilha de aprendizagem é através das **plataformas adaptativas** ou *adaptative learning*, que após um mapeamento do conteúdo e conhecimento prévio do aluno propõe um percurso, ou seja, *personaliza a experiência de aprendizagem*. Esta personalização visa colocar o indivíduo no centro das atenções; propiciar a automotivação; desenvolver o sentido da cooperação e colaboração; e reduzir as diferenças das capacidades de aprendizagem.

Em meio a tudo isso, é preciso qualificar continuamente os profissionais da educação para que eles possam utilizar com eficiência a tecnologia e cumprir seu papel de agente de transformação.

A Inteligência Artificial é singular em relação às outras tecnologias, pois está continuamente aprendendo por meio da interação de seus usuários, e isto só é possível por conta do fenômeno *Big Data*. Entenda a seguir!

⏭ O que é Big Data?

É o tratamento de muitos dados que podem ser processados rapidamente, ou seja, é a possibilidade de análise e interpretação de grandes volumes de dados de grande variedade de tipos e formatos diferentes, e em velocidades cada vez maiores.

As empresas usam o *big data* para realizar os desejos dos clientes antes que eles peçam. Um exemplo disso são as sugestões de sites de compras, como a Amazon, e as recomendações de serviços como Netflix e Spotify.

Podemos dizer que se antes tínhamos uma forte necessidade de **acesso a dados**, agora a questão é outra, a oferta é muito maior que nossa capacidade de captura, tratamento e uso desses dados. Quem não se perde diante de tanta informação?

⏭ Aplicação da Big Data na Educação

As técnicas de *Big Data* podem ser aplicadas no contexto educacional tanto para tornar a gestão mais eficaz como para melhorar o desempenho dos alunos. Filtrar e extrair informações relevantes de uma grande massa de dados não deve ser mais usado somente como indicadores para prestar contas em relação ao desempenho dos alunos, mas como a possibilidade de ter uma avaliação diagnóstica do ensino e para a tomada de decisões.

Na prática as técnicas de Big Data revelam informações importantes a respeito da forma como os alunos aprendem, permitindo que se compreenda o comportamento desse aluno e de que forma o processo de ensino e aprendizagem pode ser melhorado. Por exemplo, o professor ao lançar um quiz, rapidamente consegue avaliar o quanto daquele conceito foi adquirido e, se necessário, pode ajustar suas próximas aulas reforçando a parte do conteúdo de maior dificuldade. Com as informações adquiridas, o professor personaliza sua intervenção, que pode acontecer em relação a um aluno, a uma turma e até mesmo por recomendação de conteúdo.

⏭ Realidade Virtual (RV) e a Realidade Aumentada (RA)

As RV e RA são **tecnologias imersivas** ou *immersive learning,* tecnologias de visualização e interação presentes em diversas áreas, como indústria, educação, saúde e publicidade. As possibilidades de aplicação são inúmeras e estão revolucionando a forma como as pessoas se comunicam, aprendem e trabalham.

A **Realidade Virtual (RV)** consiste em simulações digitais que colocam o usuário em um ambiente imersivo, utilizando efeitos sonoros, visuais, táteis e motores. Permite que o usuário experiencie uma visão totalmente virtual do mundo, em 360º. Para funcionar os seguintes componentes são essenciais: óculos de imersão e máquina para executar o software (a máquina pode ser um PC, smartphone).

A **Realidade Aumentada (RA)** é uma combinação do *ambiente real* com o *ambiente virtual,* aumentando a estimulação audiovisual na realidade do usuário. Para funcionar, é necessário um *software de Realidade Aumentada* e por meio da câmera, a imagem real é combinada com um ou mais objetos virtuais inseridos, que podem ser 2D ou 3D.

⏭ Aplicação da RV e RA na Educação

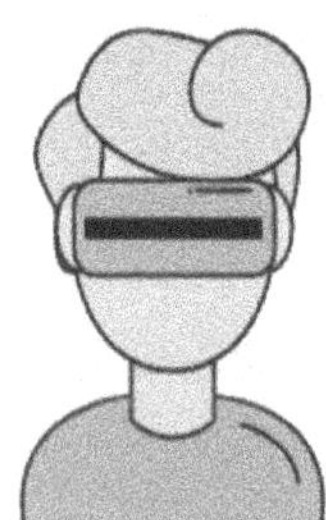

Um dos problemas vivenciados na educação em geral é como manter a motivação dos alunos no aprendizado de um determinado conteúdo. A RV e a RA são bons recursos quando trabalhados com *intencionalidade,* transformando as experiências em aprendizagem.

Com a RA é possível manipular os objetos no ar, como um holograma, usar QR Code, criando assim, um maior engajamento dos alunos. Já na RV torna-se possível experimentar vivências usando seus próprios sentidos através de simuladores, por exemplo, fazer um aluno de EAD visitar o campus universitário.

Na prática, o que se tem é a possibilidade de criar uma aprendizagem autônoma mediante a construção, reconstrução, colaboração, trocas e interação. Outro exemplo é o ensino de física, mecânica, hidráulica e elétrica, onde é possível aumentar a realidade de alguns equipamentos e maquinários como a visualização da parte interna de um equipamento.

⏭ O que é Internet das Coisas (IoT)?

Para entender melhor o que é a Internet das Coisas imagine a seguinte cena: você coloca seu despertador para te acordar às 6h00 para ir para faculdade e vai dormir. Enquanto você está dormindo, o seu despertador acessa a Internet e descobre que há vários pontos de alagamento na cidade, tornando impossível o acesso aos terminais de ônibus e que o diretor da faculdade decidiu suspender as primeiras aulas.

Diante desta situação, o seu despertador te deixa dormir mais um pouco, alterando o horário de despertar para 9h00. Como você tinha programado a cafeteira para passar o café às 6h00, o despertador avisa a cafeteira que você vai tomar café às 9h00. Você levanta às 9h00, toma o seu café quentinho e o seu notebook começa a piscar porque acessou sua agenda na Internet e descobriu que você tem aula de laboratório e precisa levar o jaleco. *Adaptação (CODE IoT)*

É disso que se trata a Internet das Coisas: *É um conceito tecnológico em que objetos da vida cotidiana estão conectados à Internet, agindo de modo inteligente e sensorial.*

IoT consiste na ideia da fusão do "mundo real" com o "mundo digital", fazendo com que o indivíduo possa estar em constante comunicação e interação, seja com outras pessoas ou objetos.

Basicamente a IoT (internet das coisas) é a comunicação entre dispositivos via internet, data centers e cloud computing, onde o mundo físico e o digital são transformados em um só.

Desde que conectado à internet, você poderia ter uma **geladeira inteligente** para a resolução de problemas de uma rede de hotéis. Seria muito útil, por exemplo, se a geladeira avisasse quando um determinado produto estivesse perto de acabar. Por meio de um celular seria possível controlar o estoque do frigobar e repor os produtos que estiverem acabando. Além disso, diminui o tempo de *checkout* no hotel, pois não seria preciso uma pessoa ir até o quarto conferir os itens consumidos. (Fonte: CODE IoT)

Enfim, qualquer objeto como automóveis, peças de vestuário e até eletrodomésticos podem receber microprocessadores e serem classificados como "coisas" ou "objetos inteligentes" que podem ser integradas à IoT.

É importante destacar a diferença entre os termos **IoT e IoB**, sendo IoT (Internet das Coisas) e IoB - *Internet of Behavior* (Internet do Comportamento) abordadas na ***Rota 1.3*** e se referem às informações obtidas sobre os comportamentos e preferências dos alunos.

⏭ Aplicação da IoT na Educação

A Internet das Coisas representa um novo momento revolucionário na história da humanidade, sendo que os efeitos de tal transformação já começam a ser visualizados nas mais variadas esferas, inclusive a educacional. Não será surpresa se a introdução subcutânea de sensores RFID (Identificação por Rádio Frequência) nos corpos das pessoas ocorra como forma de *controle e identificação.* Etiquetas RFID já são utilizadas para rastreamento logístico.

Como a IoT proporciona uma comunicação onipresente entre os *mundos físico e informacional*, os professores podem elaborar projetos que envolvam o conceito da tecnologia para a resolução de algum problema. Por exemplo, solicitar aos alunos que pesquisem uma aplicação da IoT que mais se aproxima para a solução do problema levantado.

Imagine um projeto que envolva uma solução para a coleta de lixo dos municípios. A IoT aplicada em um **sistema de lixeiras inteligentes** poderia avisar a central quando as lixeiras estão cheias ou prontas para serem esvaziadas. Dessa forma, o motorista de um caminhão de lixo poderia saber exatamente quais ruas contém mais lixeiras cheias e quais ainda não acumularam tanto lixo. Com essa informação, ele poderia definir as rotas de coleta de lixo, priorizando ruas com lixeiras cheias. Esse tipo de otimização permitiria uma coleta que economizaria combustível e com mais rapidez deixaria a cidade limpa.

A rota 1.4 foi elaborada para ampliar a cultura digital dos docentes. Torna-se imprescindível entender o que são as Tecnologias Emergentes e quais as aplicações na educação para que os profissionais explorem e integrem a temática em seus planos de aulas. Cada uma das tecnologias apresentadas visa contribuir com o processo de ensino e aprendizagem, impactando em uma educação, dinâmica e de qualidade.

*Na **Rota 1.5** você vai entender quais são os pontos que precisam ser trabalhados para que você seja um Professor Digital.*

ROTA 1.5
DE PROFESSOR PARA PROFESSOR DIGITAL: PONTOS-CHAVE

Estamos rodeados, na verdade imersos, em tecnologia, e no contexto educacional duas perspectivas são desafiadoras.

O primeiro desafio é relacionado ao corpo docente de uma instituição de ensino, no qual os professores precisam desenvolver habilidades e competências digitais para a construção de planos de ensino mais adequados e inovadores. O segundo desafio é relacionado aos alunos, em como prepará-los profissionalmente para uma época em que todos são impulsionados ao uso de tecnologia, e que o trabalho como conhecemos será ressignificado. Um exemplo é a formação de graduados como força de trabalho imediato que tem sido um desafio para a comunidade universitária.

Baseando-se no livro de Tony Bates (2017), "*Educar na era digital: design, ensino e aprendizagem*", entenda as habilidades necessárias na Era Digital para professores. É preciso compreender e desenvolver alguns conhecimentos e habilidades para sua transformação no digital.

O **ponto de partida** é compreender a natureza da mudança do conhecimento que resulta em diferentes abordagens de ensino, até a melhor forma de uso da tecnologia no ensino, que envolve a escolha entre os recursos disponíveis: texto, áudio ou vídeo, para beneficiar as aulas e alunos.

Os professores precisam responder as seguintes questões: como garantir que estamos desenvolvendo, em nossas disciplinas e cursos, alunos aptos para um futuro cada vez mais volátil, incerto, complexo e ambíguo? O que devemos continuar a proteger nos nossos métodos de ensino (e instituições) e o que precisa mudar?

O crescimento do *trabalho baseado no conhecimento* exige sempre mais pessoas com níveis mais elevados de educação do que o anterior, resultando em uma maior demanda por trabalhadores mais qualificados no nível universitário. Neste cenário, se faz necessário um novo exame do ensino e da aprendizagem.

⏭ Habilidades para a Era Digital

O conhecimento envolve dois componentes fortemente interligados, mas distintos: ***conteúdos e habilidades***.

Segundo Bates (2017), o fato dos professores possuírem domínio em relação ao conteúdo e possuírem uma compreensão profunda das áreas em que estão ensinando *não garante* a experiência no desenvolvimento de competências do aluno. Nesse caso, não é tanto que os professores não ajudam os alunos a desenvolver habilidades — eles fazem isso — mas se essas habilidades intelectuais correspondem às necessidades dos *trabalhadores baseados no conhecimento,* e se suficiente ênfase é dada ao desenvolvimento de competências no currículo.

As **competências** necessárias na sociedade do conhecimento incluem (adaptado da CONFERENCE BOARD OF CANADA, 2014) entre outras, habilidades de comunicação, capacidade de aprender de forma independente e competências digitais.

A reflexão proposta por Bates (2017) é: "os professores estão promovendo *atividades baseadas no conhecimento*?" As atividades propostas desenvolvem as competências citadas acima?

Veja abaixo algumas práticas que podem ser utilizadas pelos professores para desenvolver nos alunos as *habilidades de comunicação e competências digitais.*

O que se deseja é apontar formas mais adequadas de atividades aos professores, a fim de que preparem os alunos para a sociedade do conhecimento.

⏭ Exemplos de Atividades Baseadas no Conhecimento

Habilidades de Comunicação
O professor para desenvolver no aluno a habilidade de comunicação deve incluir atividades que desenvolvam nos alunos a capacidade de criar um pequeno vídeo no YouTube para capturar a demonstração de um processo ou fazer um discurso de um trabalho. Note que o aluno com esta atividade será capaz de alcançar uma grande comunidade de pessoas por meio da internet com suas ideias, receber e incorporar feedback, compartilhar informações de forma adequada e identificar tendências e ideias de outros.

Tabela 1: Atividade para desenvolver a comunicaçao

Competências Digitais
O professor precisa saber que apesar das atividades baseadas no conhecimento dependerem fortemente do uso de tecnologias, a transformação digital na aprendizagem é mais do que isso, é uma mudança de modelo mental, o mindset. Para o aluno as habilidades precisam ser incorporadas ao domínio do conhecimento em que a atividade ocorre, isto é, o uso da tecnologia digital tem de ser integrado e avaliado por meio da base de conhecimentos da área do professor que propõe a atividade.

Tabela 2: Atividade para desenvolver competência digital.

De maneira geral, os professores precisam saber incluir em seus planejamentos de aula tarefas que desenvolvam os itens citados anteriormente, para contribuir com o desenvolvimento das competências dos alunos, garantindo uma educação de qualidade.

⏭ O que significa ser um Professor Digital?

Em se tratando da era digital e da diversidade de gerações, significa que o professor deve saber criar atividades que envolvam habilidades de comunicação em mídias sociais, por exemplo, assim como as habilidades de comunicação tradicionais de ler, falar e escrever de forma coerente e clara. É o professor capaz de selecionar e integrar em seus planejamentos tecnologias digitais.

Na prática o professor pode incorporar passos relativamente pequenos, para uma crescente aprendizagem até chegar à perfeição. É um processo contínuo e para alcançar a capacidade de uma habilidade particular os alunos precisam praticar.

O **ponto-chave** aqui é que o *conteúdo e as habilidades* estão fortemente relacionados, então a mesma atenção deve ser dada ao desenvolvimento de competências e à aquisição de conteúdo, para garantir que os alunos se formem com o conhecimento e as habilidades necessárias para uma era digital. Para isso, os professores precisam saber decidir como ou quando faz sentido que eles utilizem determinadas tecnologias em suas atividades.

As mudanças no cenário da educação mostram que o domínio da informação que antes era local passa a ser global; que o conteúdo que antes era limitado pelo acesso passa a ser ilimitado; que o modelo de ensino é ampliado com a presença da TDIC; que o professor passa a ter o desafio de incluir-se digitalmente e investir em constante formação; que os conteúdos passam a ter a necessidade de integração.

A facilidade de acesso a qualquer tipo de conteúdo promovida pelas TDIC possibilita um aprendizado online contínuo, assim, a tendência é que os alunos procurem cada vez mais instituições locais para apoio à sua aprendizagem, em vez de oferta de conteúdo. O foco maior é sobre competências pedagógicas desse professor e menor sobre a especialidade no conteúdo.

Dessa forma, as instituições de ensino precisam inovar em seus métodos de ensino, fornecendo suporte para os alunos de forma mais personalizada e flexível.

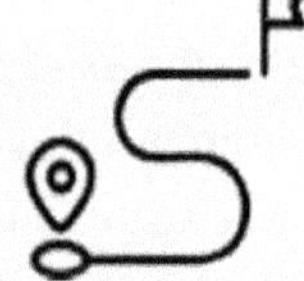

O destaque nesta rota é compreender que apesar de *conteúdo* e *habilidades* estarem fortemente relacionados, a qualidade do ensino está em promover o alinhamento com a competência. O professor neste contexto é o mediador do processo e precisa saber escolher as tecnologias que fazem sentido em suas atividades.

Nas próximas trilhas você vai entender o percurso necessário a um professor digital. Para isso, vamos iniciar na ***Rota 2.1*** *mostrando a importância da qualificação em relação ao desenvolvimento das competências digitais.*

TRILHA 2

PROFESSOR DIGITAL: PERCURSO PARA UMA SALA DE AULA INOVADORA

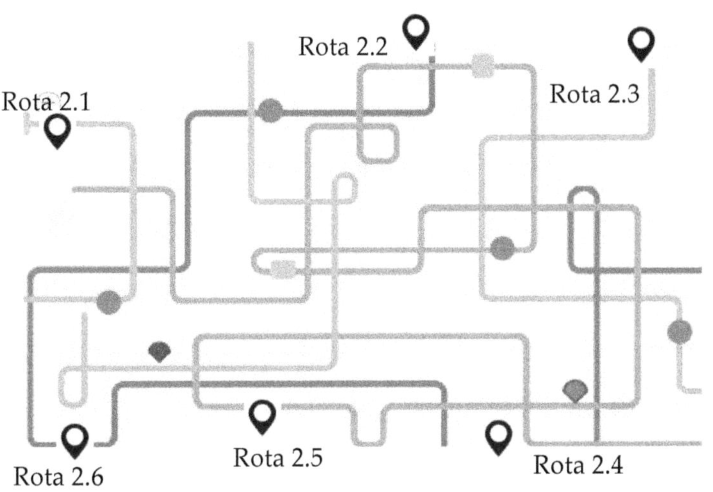

Escolha a rota!

- **Rota 2.1** - Competência Digital para viabilizar o Aprendizado Ativo, Online e Híbrido.
- **Rota 2.2** - As Gerações e as Novas Situações de Aprendizagem.
- **Rota 2.3**- Microaprendizagem como Método de Ensino Digital.
- **Rota 2.4** - Aprendizagem Móvel com QR Code.
- **Rota 2.5** - Cultura Digital para uma Sala de Aula Inovadora.
- **Rota 2.6** - Ferramenta Google e Aprendizagem Colaborativa.

ROTA 2.1
COMPETÊNCIA DIGITAL PARA VIABILIZAR O APRENDIZADO ATIVO, ONLINE E HÍBRIDO

A partir da pandemia e com a necessidade de isolamento social, as instituições de ensino precisaram se adaptar rapidamente aos avanços oferecidos pelas TDIC, principalmente no que se refere à forma de "fazer" o ensino/aprendizagem. Os profissionais da educação foram colocados diante do desafio de usar as tecnologias para fins didático-pedagógicos.

Uma pesquisa do Instituto Península realizada com 7.734 professores de todo o Brasil entre os dias 13 de abril e 14 de maio de 2020 apresentou o sentimento e a percepção dos professores brasileiros nos diferentes estágios da pandemia do coronavírus no país. Dentre as respostas obtidas, duas validam a urgência da inclusão digital dos professores. A maioria dos professores brasileiros não se sentem preparados para o ensino à distância e 88% deles afirmaram que nunca tinham dado aula de forma virtual antes da pandemia, nem mesmo de forma híbrida. Após seis semanas de isolamento, em uma segunda pesquisa, constatou-se que a realidade quase não mudou devido à pouca oferta de treinamento e falta de apoio das instituições e redes de ensino: 55% não tiveram qualquer suporte ou capacitação durante o isolamento social para ensinar fora do ambiente físico da escola (RELATÓRIO DE PESQUISA, 2020).

Neste período o presencial foi redefinido e os recursos digitais se naturalizaram, sendo o estudo mediado por recursos educacionais digitais o "novo normal" de ensino. Não podemos prever todos os impactos quando retornarmos à presença física nas escolas, no entanto, uma coisa é certa: as tecnologias digitais ocuparão em definitivo seu espaço no processo de ensino e aprendizagem (LOPES, 2020).

Neste cenário ficou evidente que o professor precisa aprender a usar seus conhecimentos técnicos e pedagógicos integrados às novas tecnologias para inovar no cotidiano de sua sala de aula, e assim, gerar um maior engajamento dos alunos. Com isso, podemos vislumbrar uma educação voltada às demandas atuais de uma sociedade cada vez mais convergente à tecnologia.

Segundo Martins (2020), não se trata de utopia, pois estamos há pelo menos 25 anos tentando realizar projetos de inclusão digital e inserção de tecnologias na educação escolar. Outros países, como a Coreia do Sul, a Finlândia e a China, fizeram a lição de casa nas últimas décadas e hoje contam com melhores recursos e com uma população mais preparada para enfrentar eventos extremos como o da pandemia Covid-19.

É indispensável que os professores, que em sua maioria são imigrantes digitais, tenham um suporte em relação à aplicação das tecnologias digitais na educação, principalmente visando alinhar a comunicação com os alunos, os nativos digitais. Um exemplo prático desta necessidade é que os nativos digitais, diante de um problema, sempre buscam de imediato um aplicativo para solução, e são estas transformações de mentalidade que tornam o ensino digital para professores uma necessidade imediata.

⏭ Qualificação dos professores para um ensino de excelência na Era Digital

Sabe-se que a atualização do professor acontece durante toda sua vida, dentro e fora de sala de aula e não seria diferente na inclusão de uma cultura digital na educação. Mais do que nunca, o professor precisa se envolver em comunidades de aprendizagem, trocar experiências, compartilhar, receber e dar apoio. A colaboração vai fortalecer a comunidade e potencializar a implantação de projetos de inclusão digital, que já era uma demanda conhecida antes da pandemia, no entanto, a experiência do período reforçou ainda mais o que Belloni (2009) diz:

> *"São três os analfabetismos por derrotar hoje: o da lecto-escritura (saber ler e escrever), o sociocultural (saber em que tipo de sociedade se vive) e o tecnológico (saber interagir com máquinas complexas)".*

Os professores que se aproximarem das novas ferramentas para a educação, mais preparados estarão para explorar os recursos desse novo mundo e potencializar o processo de ensino e aprendizagem, além de poder trabalhar com projetos contemporâneos.

De maneira geral, a evolução do ensino passou de uma visão centrada em *conteúdos temáticos* para uma visão *centrada nos alunos*. Partiu-se dos objetivos por *tema* e *conteúdo* para os objetivos por *habilidades* e *competências*.

Para construir uma cultura digital na educação, entende-se que o desenvolvimento da **competência** é inseparável ao da *ação e aprendizado contínuo*. Assim, a qualificação precisa propor uma aprendizagem ativa aos professores, a fim de ampliar a **competência digital**.

Perrenoud (2000), afirma que competência é a "capacidade de agir eficazmente em um determinado tipo de situação, apoiada em conhecimentos, mas sem limitar-se a eles".

Em relação à competência digital, Silvia e Behar (2019) descrevem que:

> *O termo Digital Competence (Competência Digital), surge no relatório Competências-chave para a educação e a formação ao longo da vida, do Parlamento Europeu, em conjunto com a Comissão Europeia de cultura e educação, em 2006. O documento teve como objetivo identificar as abordagens e as tendências emergentes na Europa para Media Literacy (Letramento em Mídias), apresentando oito competências essenciais para a formação ao longo da vida. Dentre elas está a competência digital, definida como o uso seguro e crítico das tecnologias da informação para o trabalho, o lazer e para a comunicação (SILVIA E BEHAR, 2019, p. 8).*

Documentos e Diretrizes já contemplam a necessidade do desenvolvimento da competência digital nos projetos pedagógicos. Um exemplo, é a competência geral n.º 5 que permeia todo o documento da Base Nacional Comum Curricular (BNCC).

> *Competência geral n.º 5 da BNCC: Compreender, utilizar e criar tecnologias digitais de informação e comunicação de forma crítica, significativa, reflexiva e ética nas diversas práticas sociais (incluindo as escolares) para se comunicar, acessar e disseminar informações, produzir conhecimentos, resolver problemas e exercer protagonismo e autoria na vida pessoal e coletiva.*

Apesar de o documento do Ensino Superior não ser norteado pela BNCC, e sim por diretrizes específicas conforme o curso, uma afirmativa é possível fazer: esses alunos estão a caminho de um curso superior e dentre as diversas adequações necessárias, um passo é fundamental, o desenvolvimento da competência digital de todos os professores, sejam eles do Ensino Médio ou do Ensino Superior.

⏭ O que é a Competência Digital para Professores?

Os projetos pedagógicos voltados à Educação 4.0 e Educação 5.0 precisam cumprir com os resultados propostos e para que isso ocorra, as inovações tecnológicas não podem ser ignoradas e os professores precisam estar preparados para o uso adequado das tecnologias digitais. A preparação não pode desconsiderar o que Perrenoud diz:

> *A verdadeira incógnita é saber se os professores irão apossar-se das tecnologias como um auxílio ao ensino, para dar aulas cada vez mais bem ilustradas por apresentações multimídia, ou para mudar de paradigma e concentrar-se na criação, na gestão e na regulação de situações de aprendizagem PERRENOUD (2000).*

O professor deve possuir não só fundamentação teórica da importância da TDIC, mas deve construir uma relação com as tecnologias, uma vez que compete a ele selecionar recursos de acordo com os objetivos da aprendizagem e as características de seus alunos.

Para avaliar e entender o que significa esta competência, buscou-se como referência o DigCompEdu, Quadro Europeu de Competência Digital para Educadores traduzido por Lucas e Moreira (2018) e o uso a técnica C.H.A proposta por Silvia e Behar (2019).

> *O Quadro Europeu de Competência Digital para Educadores ou DigCompEdu foi desenvolvido pela Comissão Europeia com o objetivo de permitir a educadores, de todos os níveis de educação, avaliar e desenvolver de forma abrangente a sua competência digital pedagógica. Tornou-se uma ferramenta amplamente aceita para a avaliação e certificação da Competência Digital e tem sido usado como base para a formação de professores e o desenvolvimento profissional, na Europa e além Europa LUCAS e MOREIRA (2018).*

Os professores e educadores de maneira geral precisam de estar equipados com essas competências para participar na sociedade, no nível *pessoal* e *profissional.* Note na ilustração abaixo às seis áreas do DigComEdu que precisam fazer parte das atividades profissionais dos educadores.

Figura 4: Adaptação quadro *DigCompEdu*.

Silva e Behar (2019) apontam que a maior parte dos autores citados no estudo realizado sobre o conceito de competências digitais na educação, trata Conhecimentos, Habilidades e Atitudes, Meios Digitais/ Tecnológicos e Resolução de Problemas, como um conjunto de elementos necessários para uma educação inovadora.

Em comunicação através de videoconferência, por exemplo, o professor precisa ter *conhecimento* sobre plataformas digitais como o Zoom, Meet, *habilidade* de saber anexar/ enviar arquivos e participar de webconferências como ouvinte e participante ativo (habilitar câmera, áudio, participar de chats), utilizar links para se conectar ao Zoom, Meet e ter a *Atitude* Proativa para realizar atividades remotas, ou seja, saber conviver em rede.

Explorando um pouco mais os estudos de Silva e Behar (2019) vamos aplicar a **teoria do C.H.A** para apresentar na prática o que vem a ser competência digital para o professor.

A sigla C.H.A serve para designar **Conhecimento, Habilidade e Atitude**. A teoria é considerada o tripé das competências, sendo manifestado na forma de pensar, sentir e agir do indivíduo. Assim, o indivíduo é competente quando é capaz de *"saber"* (Conhecimento), de *"saber fazer"* (Habilidade) e de *"saber ser"* (Atitude). Assim temos que:

☑ O **conhecimento** deve ser adquirido através da reflexão da informação, conhecimento teórico do recurso e da sua utilização eficaz. Por isso, a necessidade de uma introdução teórica acerca da aplicabilidade didática e tecnológica.

☑ A **habilidade** segundo Behar (2014), é uma ação automatizada, um procedimento já construído, algo de ordem operacional, não exigindo se deter em uma reflexão mais aprofundada. Como exemplo, temos o acesso à internet que é realizado pelas pessoas sem uma reflexão aprofundada de como são organizadas as informações. O uso de dispositivos móveis para envio de e-mail, acesso a bancos devido à mobilidade.

☑ As **atitudes** estão ligadas à aplicação das *habilidades e dos conhecimentos,* de modo que as atitudes revelam o modelo mental do sujeito, seus valores e crenças e é ela que concretiza a competência, pois significa o preparo para agir.

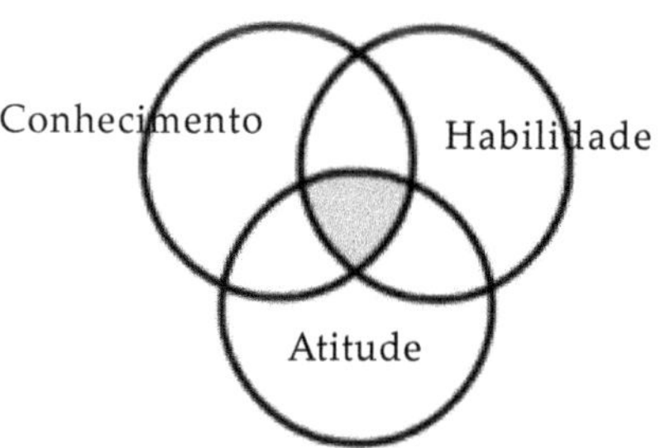

Figura 5: componentes da teoria C.H.A

Aplicando a técnica do C.H.A, veja a seguir dois exemplos do que seriam a competência digital do professor.

A tabela 3 mostra na prática os *conhecimentos, habilidades e atitudes* em relação a uma sala de aula virtual, em especial para o uso do aplicativo ***Google Classroom***. Já a tabela 4 mostra a aplicação da mesma técnica para a produção de material digital, em especial o uso de ***Podcast.***

Usando o recurso: GOOGLE CLASSROOM	
C CONHECIMENTOS	* Conhecer os elementos do Classroom; * Saber diferenciar acesso síncrono e assíncrono; * Compreender as especificidades do ensino remoto.
H HABILIDADES	* Saber utilizar as ferramentas básicas do Google Classroom; * Saber organizar conteúdo da aula; * Saber eleger os pontos principais do conteúdo; * Postar em fóruns e realizar provas.
A ATITUDES	* Ter uma atitude proativa em relação à busca de soluções para problemas que possam surgir no contato inicial com o Google Classroom. * Ter atenção personalizada.

Tabela 3: Aplicação na criação de Sala de Aula Virtual.

Usando como recurso: PODCAST	
C CONHECIMENTOS	* Conhecer recursos de tecnologia capazes de permitir a construção e apresentação do Podcast.
H HABILIDADES	* Ter domínio básico de editor de áudio (exemplo Audacity). * Ter domínio sobre plataformas usadas para depositar o arquivo.
A ATITUDES	* Ter preocupação em alcançar os objetivos individuais e coletivos. * Promover a construção coletiva acerca do tema tratado no Podcast.

Tabela 4: Aplicação na Produção de Material Digital.

A partir da competência digital da **tabela 3**, o professor conseguirá criar uma sala de aula virtual para diversas situações de ensino e aprendizagem. As *estratégias pedagógicas* são infinitas e como exemplo, podemos citar a criação de uma sala virtual para reforço de conteúdo, para aulas particulares, para cursos online ou oficinas online. Já em relação à **tabela 4**, o professor poderá utilizar o recurso de Podcast para responder às dúvidas dos alunos, podendo ainda deixar o conteúdo armazenado para futuras consultas.

Ao dominar as tecnologias o professor é mais assertivo nas *escolhas e formas* de integração das ferramentas em seu planejamento de aula, o que impactará na qualidade do processo de ensino e aprendizagem.

Enfim, as boas práticas de um Professor Digital envolvem saber analisar seu contexto e aplicar a tecnologia mais adequada para a sua produtividade; saber incentivar o aluno a participar através da produção de conteúdo. Praticar a curadoria de conteúdos com os alunos. Incentivar os alunos a utilizar as ferramentas e compartilhar suas boas práticas com os colegas.

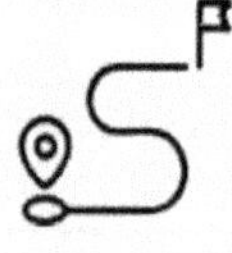

Nesta rota foi possível verificar que a convergência tecnológica de uma sociedade exige uma reconfiguração da educação. Assim, a qualificação do professor, em especial, em relação à competência digital, passa a ser fundamental para atender às demandas da educação contemporânea.

Na Rota 2.2 serão apresentadas as gerações de nativos e imigrantes digitais com suas demandas e desafios.

ROTA 2.2
AS GERAÇÕES E A BUSCA POR NOVAS SITUAÇÕES DE APRENDIZAGEM

Você já percebeu que com um clique podemos ir a qualquer lugar do mundo, praticamente temos o mundo na ponta dos dedos. A internet rompeu as barreiras impostas pelas paredes e independentemente do tempo e espaço é possível fazer *uso* e ter *acesso* às mais diversas informações.

A internet, quando usada no contexto educacional, torna possível ao docente e ao discente conhecer e lidar com um mundo diferente a partir de culturas e realidades ainda desconhecidas, de trocas de experiências e de trabalhos colaborativos.

A integração das TDIC à educação possibilitou novas formas de comunicar, de pensar, ensinar/aprender, de modo que nesse processo temos a transformação das informações em conhecimentos práticos. Dessa forma, qualificar os professores para uma sala de aula inovadora é fundamental.

A nova postura do professor coloca-o como orientador na aprendizagem mediada pelas novas tecnologias e ao desempenhar bem seu papel, cria novas possibilidades para ensinar e aprender. A forma como as pessoas veem e apreendem o mundo não pode ser ignorada e o professor precisa estar atento a estas transformações.

Uma das características da era digital é que de um lado temos as novas gerações sendo alfabetizadas digitalmente antes mesmo de aprender a ler, os chamados **nativos digitais** e do outro lado, temos os **imigrantes digitais**, nascidos antes da digitalização, tendo que se adaptar à mudança causada pela TDIC.

O professor precisa entender o perfil das diversas gerações e as necessidades educacionais para ser um profissional ativo e propor atividades significativas. Segundo Mattar (2010), o professor agora não é mais um fornecedor de informações, e sim um organizador de ***situações de aprendizagem***. Tais situações podem ser apresentadas *física ou virtualmente*.

Para Camargo e Daros (2021), uma sala de aula física pode ser tão digital quanto uma sala de aula virtual, o importante é o professor incorporar ferramentas digitais e novas metodologias com intencionalidade educativa.

No caso das situações de aprendizagem serem disponibilizadas em uma sala de aula digital, significa apresentar uma sala imersa em tecnologia, na qual são usados aplicativos, sites educacionais e outros recursos digitais, visando potencializar o aprendizado do aluno. São elementos da sala de aula virtual: os objetos de aprendizagem, os recursos tecnológicos, as trilhas de aprendizagem, os ciclos de *feedbacks*, os indicadores de desempenho e as atividades síncronas e assíncronas.

⏭ Quem são os Nativos Digitais e Imigrantes Digitais?

Dentro deste novo cenário nasce o **Aluno 4.0!** No entanto, é importante ressaltar que as tecnologias sozinhas não geram aprendizagens. A aprendizagem ocorre a partir do propósito e do encadeamento sequenciado de práticas e teorias/conceitos que se atribui significado.

Dos nativos digitais, espera-se que o uso das novas tecnologias contribua ou provoque mudanças na forma de socializar e interagir com outras pessoas, bem como no modo de colaborar e compartilhar informações, influenciando nos processos de aprendizagem. Neste contexto, podemos afirmar que as TDIC são os instrumentos mediadores de aprendizagem dos nativos digitais.

O comportamento dos nativos digitais é mais curioso, são pessoas muito ativas e com pensamento rápido, mas que deixam a sua atenção se dispersar rapidamente, imediatistas e pouco apegadas às fronteiras geográficas. Afinal, com um clique podem estar do outro lado do mundo. E mais ainda: são criadores e adoram testar novas possibilidades de soluções! Eles produzem conhecimento e colocam-no em prática.

O professor precisa estar ciente que seu papel é muito mais amplo e complexo, visto que precisa provocar novos desafios e organizar roteiros personalizados de aprendizagem, tanto individuais quanto coletivos.

Outro fator característico dos nativos digitais é a imersão e facilidade que possuem com a tecnologia digital, em particular mídias sociais: mensagens instantâneas, Twitter, videogames, Facebook e toda uma série de aplicativos (apps) que são executados em uma variedade de dispositivos móveis como iPads e telefones celulares. Esses alunos estão constantemente "ligados" e grande parte de suas vidas gira em torno dessas mídias.

Alguns, como Mark Prensky (2001), argumentam que os nativos digitais *pensam e aprendem*, fundamentalmente, de maneira diferente, como resultado da imersão em mídias digitais.

Devido ao hábito intrínseco da tecnologia na vida do jovem, instituições que compõem a *educação formal e informal* estão tendo que sair dos moldes tradicionalistas e se inserir nesse ciberespaço. Se essa geração espera usar as tecnologias digitais, as mídias sociais em todos os aspectos da vida, por que sua experiência de aprendizagem seria diferente? Essa deve ser uma das questões presentes nos projetos educacionais.

Nesse momento existe um choque de gerações entre um público "Nativo Digital", que engloba as gerações que já nasceram inseridas na cultura digital, com os "Imigrantes Digitais", que têm que se adaptar para aderir às novas ferramentas da cultura digital.

O professor envolvido com as TDIC estará mais próximo do aluno impulsionando assuntos interessantes que o levarão a questionamentos, a participações efetivas e a cooperação. Entenderá que o aluno não é apenas um consumidor de conteúdo e que os recursos digitais favorecem os diferentes estilos e ritmos de aprendizagem.

Desta forma, o uso da Tecnologia Digital da Informação e Comunicação passa a ser um recurso didático-pedagógico no contexto educacional, facilitando aos alunos e educadores a apropriação desta habilidade e competência de forma interativa.

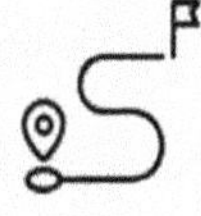

Esta rota apresenta os desafios para as gerações em relação ao processo de ensino e aprendizagem, aponta a mudança do papel do professor e a importância da *intencionalidade* quando se trata da inclusão de ferramentas digitais integradas ao conteúdo.

*Na **Rota 2.3** você vai aprender a importância da microaprendizagem no ensino digital.*

ROTA 2.3
MICROAPRENDIZAGEM COMO MÉTODO DE ENSINO DIGITAL

Falar em educação de qualidade, formação continuada, conteúdos atualizados em um mundo de aceleradas mudanças é lembrar, não só a exigência de qualificação constante dos profissionais da educação, mas também apontar a necessidade de uma **nova cultura de aprendizagem**.

No período da pandemia mundial foi possível constatar de forma repentina os desafios desta nova cultura para os profissionais da educação e a necessidade real de compatibilizar a formação dos professores, tanto para ensino presencial, quanto para o ensino digital. A nova cultura alinhada aos objetivos atuais de uma sociedade tecnológica exige professores inovadores, que utilizem as tecnologias digitais não como um fim em si mesmas, mas na integração dos conhecimentos técnicos e pedagógicos às novas tecnologias e assim, transformar o cotidiano de suas aulas.

Neste contexto os cursos online por sua flexibilidade e custo reduzido são ótimas alternativas para a aprendizagem contínua. Neste ponto, um mundo de possibilidades se abre para o profissional da educação, tanto para o ensinar (empreendendo no digital) como para aprender (pelo alcance proporcionado pelas TDIC).

A cultura de aprendizagem, seja presencial ou online, não deve ter como propósito uma certificação, e sim, a melhora da qualidade de sua prática profissional.

A formação em qualquer área precisa ser um processo contínuo e permanente de desenvolvimento profissional, no qual o agente de mudança será a *acumulação* e *aplicação* do conhecimento prático.

Com a facilidade de acesso às informações, a aprendizagem pode acontecer com ou sem a presença de um mediador. O conhecimento não está atrelado apenas às salas de aulas ditas tradicionais, o que reforça a mudança no processo de aprendizagem.

As tecnologias emergentes, como, por exemplo, a inteligência artificial, colaboram para este novo momento em que é possível a construção de trilhas personalizadas, levando o estudante a querer aprender.

A todo instante estamos expostos a novas necessidades de aprendizagem, seja por satisfação pessoal, seja pela ampliação da educação formal, seja por imposição competitiva de mercado. A perspectiva pode ser alterada, no entanto, estamos cientes que aprender é imperativo para os indivíduos deste século. Daí, o conceito de **lifelong learning,** isto é, aprendizagem ao longo da vida.

⏭ O que é Lifewide Learning?

Lifelong learners – o poder do aprendizado contínuo: Aprenda a aprender e mantenha-se relevante em um mundo repleto de mudanças
Conrado Schlochauer (2021).

Lifewide Learning deriva do conceito "Lifelong Learning", que surgiu na década de 1970, por uma demanda global da UNESCO, na qual, para manter ativo o cidadão, era necessário oferecer alternativas de aprendizado ao longo da vida.

Professores e alunos devem se apropriar do conceito de lifewide learning e manter o mindset convergente a um aprendizado que se dá ao longo da vida, continuamente, em todos os espaços, em diferentes ambientes, tanto formais quanto informais.

Por isso, em uma cenário onde o acesso à informação, conteúdos e materiais são atualizados de forma dinâmica e facilitados pelas tecnologias da informação e comunicação é imprescindível a **autonomia da aprendizagem**. Uma autonomia que não elimina a presença do professor na educação formal, porém dá liberdade e até promove aqueles que aprendem por conta própria, ou seja, os autodidatas.

Adotar esta postura e seguir aprendendo por toda a vida é ser Lifelong Learner. Todos nós podemos aprender sempre, não importando a idade, a profissão ou os objetivos de vida. A capacidade do aprendizado habita em todos nós SCHLOCHAUER (2021).

E ai, você já é um Lifelong Learner? Com certeza se você está lendo este livro pode se apropriar do título.

A realidade é que o conceito de Lifelong Learning consolida-se a cada dia, em uma sociedade que está conectada e usa a internet e tudo que a cerca, para descobrir, compreender, analisar situações, aprofundar conhecimentos e se capacitar a todo o momento.

Do outro lado, temos a necessidade de sermos assertivos quanto ao conteúdo necessário para uma aprendizagem que gere transformação. O problema não é a falta de conteúdo e sim o excesso, e a forma como ele nos é apresentado.

Sabemos que a aprendizagem consome tempo, necessita de atenção e isto precisa ser considerado nesta nova cultura. O que se quer não é um conhecimento isolado, mas sim, uma educação permanente com conteúdos dinâmicos. Para isso, novos modelos para a aprendizagem precisam ser considerados. É o próximo assunto!

⏭ Microaprendizagem como Método para o Ensino Digital

A discussão do aproveitamento do tempo na educação e do tempo para a formação é um tema que ganha cada vez mais relevância e o uso das chamadas pílulas de conhecimento, ou pílulas de conteúdos, apresenta-se como solução crescente diante da evolução constante dos smarthphones, celulares e tablets. Pensar em modelos para a aprendizagem móvel é fundamental para manter essa flexibilidade.

À medida que nosso contexto muda, precisamos adequar a forma de aprender, equilibrando a forma de apresentação do conteúdo com a atenção e tempo exigido das pessoas. É neste sentido que os cursos online devem se organizar, e isto não quer dizer que os conteúdos importantes tenham que ser excluídos, mas podem ser segmentados.

É fundamental o equilíbrio da **atenção** e **tempo** dos professores, para que novos formatos de aprender e ensinar sejam experimentados e que a formação ou qualificação profissional seja efetiva na prática.

Segundo Filatro e Cavalcanti (2018), a **microaprendizagem** é uma modalidade cujo foco está no nível micro (microconteúdos, microatividades) e explora novas maneiras de responder à crescente necessidade de aprendizagem ao longo da vida ou aprendizagem sob demanda apresentada pela sociedade atual.

Os microconteúdos que correspondem ao conceito de objeto de aprendizagem, aos poucos estão sendo inseridos na educação observando-se as restrições de tamanho e duração (tempo).

Neste sentido, tanto para EaD quanto para o ensino híbrido, ou até mesmo para cursos de educação não formal, os cursos online devem oportunizar momentos de autoaprendizagem, interação e colaboração que seja independente de tempo e espaço.

Vale lembrar que, para construção de cursos online, temos várias perspectivas a considerar, como por exemplo, atender às diversas gerações (imigrantes e nativos), adaptar-se a seus comportamentos (atenção e tempo), e às novas formas de aprendizagem digital.

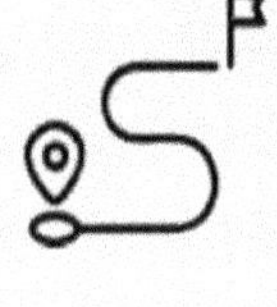

Esta rota apresentou uma estratégia de ensino, o método de microaprendizagens, que considera o tempo e atenção necessário para aprendizado de um conteúdo. O conceito de lifewide learning também foi abordado visando impulsionar você, profissional do conhecimento, a gerar cada vez mais conhecimento e visualizar possibilidades de aumento financeiro.

*Na **Rota 2.4** você vai aprender na prática como incluir um QR Code em um plano de aula.*

ROTA 2.4
CRIANDO APRENDIZAGEM MÓVEL COM O USO DO QR CODE

1 Entender o que é uma aprendizagem móvel e seus benefícios.

2 Promover a prática em relação aos aspectos tecnológicos para o desenvolvimento da competência digital do professor.

3 Apresentar os aspectos pedagógicos que serão integrados aos aspectos tecnológicos.

4 Aprender e orientar o professor em como criar e usar o QR Code nas situações didáticas.

5 Apresentar as etapas necessárias para a construção de um plano de ensino com a inclusão da cultura digital.

Você já deve ter reparado que os **dispositivos móveis*** funcionam quase como uma extensão do corpo para algumas gerações.

No contexto educacional é um recurso, que quando usado intencionalmente pelo professor, pode promover um maior engajamento dos alunos.

A **aprendizagem móvel,** também conhecida como *m-learning* ou mobile learning é aquela que ocorre através de celulares, tablets, laptops e outros dispositivos móveis. Ela amplia e possibilita que o processo de aprendizagem opere, simultaneamente, de forma personalizada e integrada, com potencial para manter os estudantes mais conectados e vinculados a atividades colaborativas.

A estratégia móvel retira a exclusividade do laboratório de informática como o espaço autorizado para o uso da linguagem digital, e promove novas configurações de espaço-temporais, com uma súbita abundância de conteúdo e sistemas de aprendizagem impulsionada pela virtualização (CONFORTO E VIEIRA, 2015).

A presença das tecnologias móveis nas práticas de aprendizagem enriquece o incremento da argumentação em textos dissertativos, estudos de caso, trabalhos em grupos, entre outros. A aprendizagem móvel instiga os alunos a lidarem com seu próprio aprendizado a terem autonomia em suas pesquisas, além de motivá-los às práticas de construção de conhecimento coletivo.

* São tecnologias digitais que permitem a mobilidade e o acesso à internet. Pode-se citar como exemplos os smartphones e tablets.

É possível utilizar os dispositivos móveis em diversos **contextos** e como **recurso** para uma aprendizagem ativa.

Vejamos a seguir algumas aplicações práticas.

☑ Em relação ao contexto, pode ser construído pelos próprios usuários, através das interações, de forma dinâmica e flexível. Por exemplo, o uso do dispositivo móvel em visita técnica, viagem, acesso a ambiente virtual de aprendizagem.

☑ Em relação a recursos, o usuário pode produzir um conteúdo ligado ao local onde o estudo esteja ocorrendo, por exemplo, o estudo de matemática em um supermercado.

Para qualquer tecnologia usada em aula, os professores devem saber utilizá-la como fundamentação pedagógica e como ferramenta. Resultados positivos dependem de planejamento, formação adequada e a definição do que será avaliado.

A aprendizagem móvel pode ser aplicada em *qualquer modalidade de ensino*. No ensino presencial ou híbrido, podem ser utilizados dentro ou fora da sala de aula, já no ensino remoto e na EAD há possibilidade de uso fora do ambiente virtual.

Vale destacar que os conteúdos devem promover uma *aprendizagem flexível*, devem considerar o tempo de concentração e processamento da informação, ou seja, adequado ao uso nos dispositivos móveis.

Para que isso ocorra, uma tendência é o **Microlearning,** que se caracteriza por dividir o conteúdo a ser aprendido em pedaços menores, descomplicando a aprendizagem, tornando o conteúdo menos intimidador e melhorando a retenção do conteúdo. É possível encontrar mais informações sobre microaprendizagem na rota 2.3.

⏭ QR Code: recurso de uma cultura digital

A forma com que as pessoas estão estabelecendo suas relações com o mundo tem mudado constantemente. As novas mídias e as TDIC proporcionam maneiras de acesso diferenciadas em relação aos momentos de lazer, de estudo ou até mesmo de trabalho.

Segundo Benyon (2011), o ponto máximo da interação homem-máquina é o abandono do *mouse e do teclado.* Um exemplo prático dessa ideia é o QR Code, que funciona a partir da **captura da imagem.**

O Que é? Para que serve o QR Code?

O **QR Code** ou **código QR** é a sigla de "Quick Response" (traduzido para o português, "Código de resposta rápida"). Possui esse nome porque dá a capacidade de ser interpretado rapidamente pelas pessoas. É uma forma muito mais prática de acessar links por meio de dispositivos móveis como *tablets* e *smartphones.*

O QR Code trouxe mais comodidade, visto que utilizando um *smartphone* ou outro dispositivo móvel é possível visualizar qualquer conteúdo que esteja disponível nesse formato sem custos adicionais.

A grande diferença entre o QR Code e o Código de Barras é a aparência. O *QR Code* tem a forma de um quadrado e contém módulos parecidos com o Tetris (jogo de computador), enquanto enquanto o *Código de Barras* é formado por barras verticais acompanhado por números seriais e quando é digitalizado, transmite grande variedade de informações.

Um código QR **armazena dados**, da mesma maneira que um código de barras. Esses dados podem incluir URLs de sites, números de telefone ou até 4.000 caracteres de texto. Por exemplo, é capaz de armazenar muito mais informações do que as etiquetas de produtos que vemos em lojas supermercados.

⏭ Aplicações do QR Code

Segundo Martha Gabriel, uma referência no Brasil em temas no mundo digital, em sua palestra Mobile Tagging e Realidades Mistas, o QR Code, ao atuar como um *link físico* para o mundo *online digital,* funciona também como um instrumento de ampliação da realidade.

A seguir algumas das aplicações do QR Code: para informar; para empresa; e para cartão de visita.

☑ **QR Code para informar** - pode ser usado em diversos ambientes e ocasiões como, por exemplo, situações que abordem sinalização, informações turísticas que direcionam os usuários a informações de utilidade pública ou a campanhas de prevenção.

A partir de um QR Code, podemos obter de maneira rápida e prática dados sobre o clima de uma região, horários e itinerários de linhas do transporte coletivo. Outro exemplo é o uso dessa tecnologia impressa em "santinho" para campanhas eleitorais, criando uma estratégia digital para informar as propostas aos eleitores.

☑ **QR Code de empresas** - as organizações podem, por meio do QR Code, criar *tags* para serem usadas na fachada de seus prédios, trazendo mais informações sobre o imóvel em questão (história, divulgação de um evento que esteja ocorrendo na ocasião...) e até mesmo criar ações que visem facilitar o dia a dia do seu cliente.

O Banco do Brasil, a fim de aumentar a liberdade do cliente, facilitando o pagamento de boletos. Criou o "BB Code", nome dado ao novo serviço, que substitui a senha eletrônica, possibilitando a confirmação de transações feitas pelo computador, por um QR Code. O lançamento permite aos clientes a realização de transações em qualquer computador conectado à internet, utilizando seu smartphone cadastrado para digitalizar o código 2D exibido na tela do computador e confirmar a operação realizada no banco online.

☑ **QR Code em cartões de visitas**, contendo informações pessoais, estão se tornando bastante populares. Por meio dele é possível inserir dados pessoais, histórico profissional ou acadêmico de forma criativa e diferenciada, transformando o tradicional cartão de visitas em uma maneira prática de interagir com o público-alvo.

Além disso, QR Codes impressos em coleiras de cães e gatos, por exemplo, se tornam uma interessante alternativa para identificar nome, endereço, raça e outras informações do bicho de estimação.

Cultura Digital no Plano de Aula

Você já ampliou seus conhecimentos em relação ao QR Code e à aprendizagem móvel, chegou a hora de entender como incluí-los no plano de aula. Afinal, a atividade do aluno em novos contextos é uma das bases da teoria de utilização de dispositivos móveis na educação.

ESTRATÉGIA PEDAGÓGICA
Interatividade e Aprendizagem Móvel

O uso do QR Code promove interação, interatividade e a participação do usuário (professores e alunos) em relação ao *uso individual* quando possibilita a aquisição, transmissão, troca de informação e na relação de *troca entre duas ou mais pessoas* quando permite a comunicação e colaboração.

Você pode aplicar QR Codes em suas aulas como **recurso pedagógico**, afinal é uma imagem que vale mais que mil palavras. É uma ferramenta de fácil interação que pode ser explorada em várias situações, tanto de forma *síncrona* (em tempo real) ou *assíncrona*.

Já apresentamos algumas ideias de aplicação do QR Code, a seguir, a ênfase é na educação.

SITUAÇÕES DIDÁTICAS
Formas de Aplicação

Entender os contextos de uso do QR Code na educação é o **ponto de partida** para ampliar as possibilidades de aplicação em suas aulas e conteúdos. São eles:

☑ O **uso didático** do QR Code proporciona interatividade e pode ser usado em praticamente qualquer material. Eles podem ser inseridos em meio a conteúdos impressos, ambientes físicos (colados na parede ou em banner, por exemplo), e em ambientes digitais (*websites*, vídeos etc).

☑ É possível apresentar uma **nova maneira de realizar as tarefas** em sala de aula, trazendo referências a conteúdos de maneira fácil e mais interessante aos alunos. Pode ser usado em divulgação de eventos, feiras, vestibulares ou exposições, propor revisões, bam como acesso a artigos utilizando smartphones.

☑ Com o QR Code é possível **criar desafios** para grupos de alunos, um caráter mais criativo e interessante, uma dinâmica de jogos.

☑ Nos momentos em que se deseja promover o **entretenimento** para facilitar o processo de relacionamento, na *criação de sensações* e *experiências interessantes.*

Dadas as possibilidades, é possível afirmar que o uso de QR Codes envolve os alunos em uma experiência diferenciada de engajamento com o assunto tratado em aula.

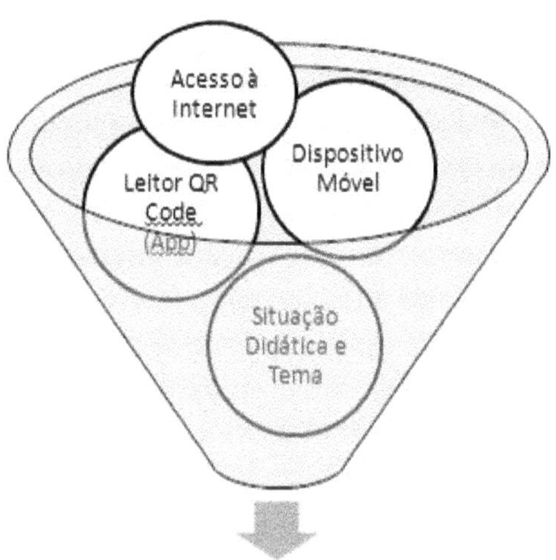

Plano de aula com cultura digital

OBJETIVOS DE APRENDIZAGEM
O que o professor vai aprender?

☑ Construir aulas interativas gerando um maior engajamento dos alunos, tanto para aulas síncronas como assíncronas.

☑ Criar um plano de aula que inclua a cultura digital, promovendo interação e aprendizagem móvel dos alunos com o recurso do QR Code.

☑ Promover a autonomia do aluno através da criação de um aula que envolva interação, colaboração, personalização da aprendizagem e comprometimento.

Agora que você já entendeu as possibilidades do recurso, vamos aprender como gerar QR Code para em seguida, partir para o planejamento da aula a fim de integrá-los e incorporá-lo sao seu plano de ensino.

APRENDER: CONECTAR E PRATICAR
Prepare-se para usar o QR Code

Este é o momento em que você deve praticar com o passo a passo descrito em seguida, para que sua competência digital seja desenvolvida. Ao final você será capaz de criar e usar QR Codes nas situações de aprendizagem planejadas

PASSO 1- TESTE SUA CÂMERA

Para usar o QR Code é necessário testar sua câmera de celular, smartphone, Tablet ou Ipad. *Vamos às orientações!*

⏭ **Como faço para ler um QR Code?**
Basta apontar a câmera do celular, smartphone, tablet ou Ipad para o código, o QR Code abaixo e a informação será decodificada mostrando o conteúdo.

Conseguiu? Vá para o PASSO 2. Não conseguiu? Veja as instruções abaixo.

⏭ **Onde fica o QR Code no celular Android?**
Para utilizar o QR Code no seu smartphone ou tablet Android, instale através da **Play Store** - app câmera integrada. Aponte a câmera para o QR Code acima para testar.

⏭ **Onde fica o QR Code no celular Apple?**
Para utilizar o QR Code no seu Iphone ou Ipad, instale através do **Apple Store**. Aponte a câmera para o QR Code acima para testar.

⏭ **Porque meu celular não lê QR Code?**
Se a opção de leitura de códigos QR **não for encontrada no seu celular** é porque é incompatível. Mas não se preocupe! Isso significa apenas que você terá que baixar um aplicativo de leitor de QR Codes de terceiros!

PASSO 2 - ONDE POSSO CRIAR O QR CODE?

Perguntas e Respostas!

⏭ **Onde criar um QR Code?**
O QR Code é criado online através de sites chamados "geradores de códigos".

⏭ **Como acessar um site "Gerador de Código" QR Code?**
O site "qr code fácil" foi o escolhido. Para isso, basta acessar à ***página principal*** **www.qrcodefacil.com** ou pesquise no Google "qr code fácil".

A **interface principal** na qual você vai gerar seu QR aparecerá. Veja figura abaixo.

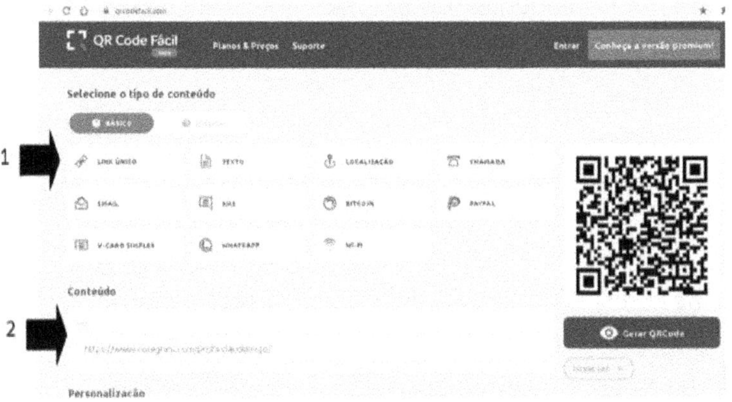

Figura 6: Interface Principal QR Code Fácil

É nesta página que você vai definir para qual **tipo de conteúdo** um QR Code será criado, como por exemplo, acessar um vídeo do YouTube, número de Whatsapp, um e-mail, um site,... Vamos escolher o **item 1 - Link Único.**

Vamos exercitar criando um QR Code no PASSO 3.

PASSO 3 - COMO CRIAR UM QR CODE

Siga os passos...

❶ O ponto de partida é **escolher o conteúdo.** Pode ser o endereço de um site, um vídeo do YouTube. Decidiu? **Copie o link da acesso ou endereço.**

❷ Acesse o endereço www.qrcodefacil.com.br e **selecione o *tipo de conteúdo*** para o qual deseja criar o QR Code.

❸ Especificamente, clique em

❹ Agora é só colar no **campo URL** (ver item 2 na figura anterior) o endereço do site, do vídeo YouTube qumeseja gerar o QR code para acesso.

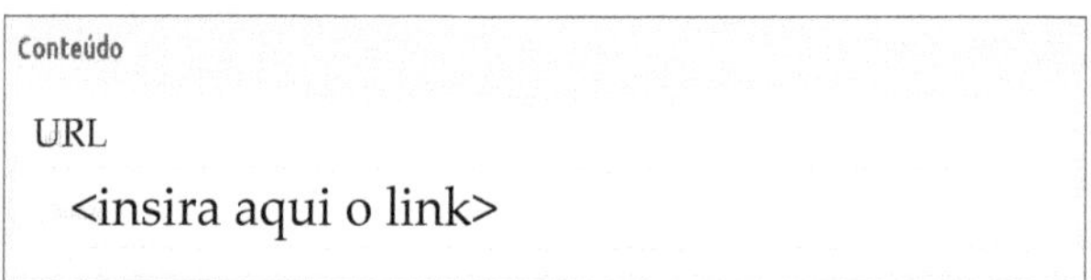

❺ Clique em Gerar QR Code para criar o QR associado ao link que você colou no campo URL.

❻ **Clique em** Download para baixar o arquivo com o código QR gerado.

❼ Agora é só *copiar* o QR Code e *colar ou imprimir* no local onde deverá ficar disponível para acesso dos alunos.

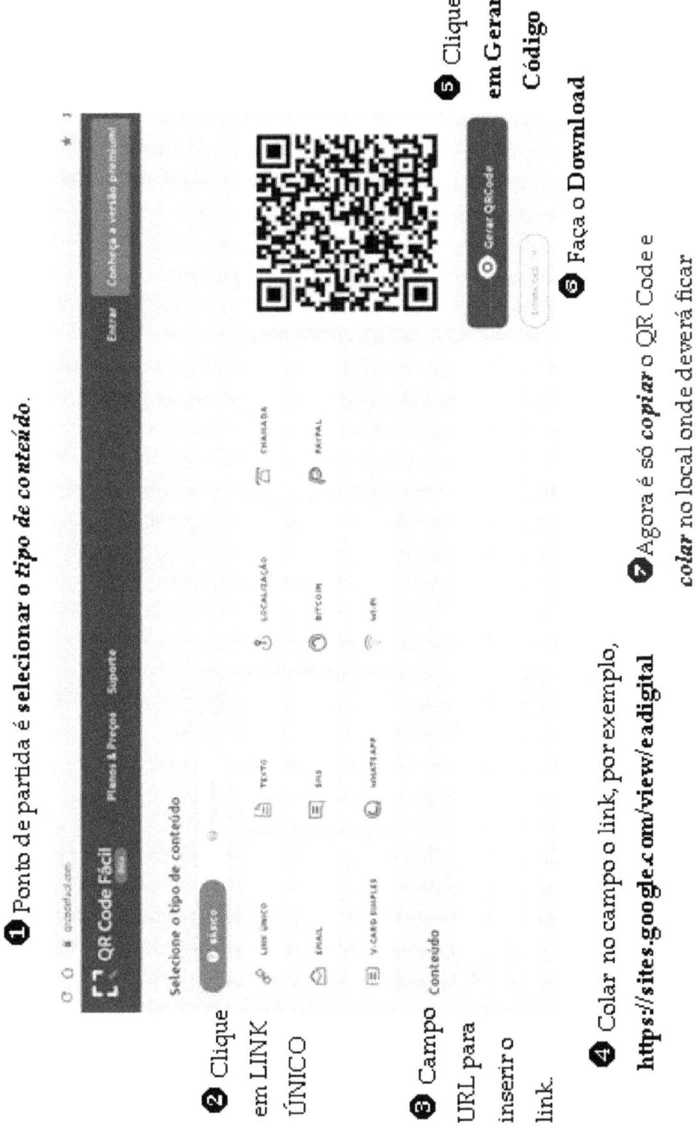

Figura 7: Passos para a criação do QR Code.

PLANEJANDO A AULA - MÃO NA MASSA
Professor na trilha do offline para online.

Chegou a hora de construir seu *plano de aula* incluindo uma cultura digital. *Siga as* **etapas do planejamento** para *antes, durante e depois* da aula.

ANTES DA AULA
Etapas para o Planejamento da sua Aula

O que o professor precisa definir *antes* da aula!

❶ Qual **conteúdo** da sua disciplina pode explorar o recurso de QR Code? Qual ***o*** **tema** a ser trabalhado? É preciso identificar onde o *QR Code* pode ser inserido em sua disciplina para criar interação.

❷Quais os **Objetivos de Aprendizagem** e o **Resultado Esperado** de acordo com o tema escolhido?

❸ Quais as **formas de uso** do QR Code? Qual a forma de aplicação, ou seja, a **situação didática**?

As **estratégias podem ser:** aula de revisão; jogos de competiçãoemgrupo;eventos,feirasacadêmicas,...Acesso a conteúdos online (link artigo, sites, vídeos, podcast,...).

❹ Qual o **tempo e/ou quantidade de aulas?** A programação deve ser combinada com a turma.

❺Qual a **modalidade de ensino** *(presencial, híbrido ou remoto) e o* **tipo de comunicação** que será utilizado para a interação *(síncrono ou assíncrono).*

Para o *formato híbrido,* o **ponto de partida** para uso do QR Code é definir quando será utilizado: no momento *presencial (ou síncrono) ou no* momento *assíncrono.*

☑ **Aula Presencial ou Síncrona** - o professor precisa **gerar os QR Codes** para 'colar' no local da apresentação, que podem ser: ***impressos*** ou inseridos no ***slide*** que será projetado.

A ação do aluno ocorrerá durante a *aula presencial ou síncrona (em tempo real) com a sinalização* do professor para que o aluno *capture o* código QR.

☑ **Aula Assíncrona -** O professor precisa **gerar os QR Codes** para 'colar' no arquivo que o aluno terá acesso e o conteúdo pode ser vídeo, podcast, artigo.... O acesso ocorre no momento que o aluno for realizar seu estudo.

❻ O professor precisa definir qual deve ser a **ação do aluno** após o acesso ao QR Code? O que o aluno deve fazer?

❼É necessário **marcar a data** da apresentação e/ou entrega do trabalho, definir se a entrega é presencial ou pelo ambiente virtual e como será a **avaliação** e o **seu valor.**

❽ Definir quais **materiais serão disponibilizados.** Sempre disponibilizar na Sala de Aula Virtual uma orientação e material de apoio a aprendizagem.

DURANTE A AULA
Roteiro de Execução da Aula - Orientações

O que o professor precisa para auxiliá-lo *durante* a aula!

Nesta etapa você deve definir os pontos que precisam ser abordados em aula, ou seja, são as observações que não podem faltar para o momento da aula. Exemplos:

- ☑ O que o aluno precisa saber para participar ativamente da aula?
- ☑ Quais os momentos em que o QR Code aparecerá?
- ☑ Quais ações o aluno deve realizar ao acessar o QR Code?
- ☑ Informar a **data da entrega** do conteúdo trabalhado e explicar como será a **avaliação** e o **valor.**

FINAL DA AULA
Registros

O que o professor precisa registrar ao *final* da aula!

⏭ **Registro de Acompanhamento dos alunos**

- ☑ Observações pessoais em relação à interação dos alunos na aula.
- ☑ Feedback (análise do professor) - sobre a necessidade de ajustar o seu planejamento inicial quanto ao andamento da disciplina.

⏭ **Informações Finais**

- ☑ Anotações das percepções do professor após a aula e ideias de melhorias..

Pronto! Agora é a sua vez.

Na **tabela 5** duas dinâmicas de aula com QR code são apresentadas para que você coloque em prática.

Nível	Dinâmicas de aula com QR Code: (aplicações na prática)
Novo Ensino Médio e Ensino Superior	**DINÂMICA 1** ☑ Defina um tema para pesquisa. Peça aos alunos que criem um QR Code com o conteúdo da pesquisa. Os alunos devem incluir os códigos em um ambiente colaborativo. ☑ Depois crie um momento "roda de conversa" para que todos partilhem sua experiência com a pesquisa e comentem o resultado uns dos outros.
	DINÂMICA 2 ☑ Use o QR Code para incluir uma atividade durante ou ao final da aula. Os aprendizes irão descobrir qual é a atividade somente ao ler o código a partir do QR Code inserido em um Slide / documento / imagem / lousa digital que você irá compartilhar. ☑ O conteúdo pode ser um diagnóstico criado no Google Forms ou outro recurso que facilite compartilhar o link.

Tabela 5: Dicas de dinâmicas de aula com QR Code.

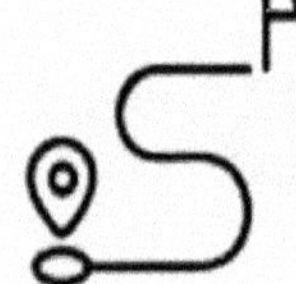

A rota 2.4 integra na prática educação e tecnologia. Apresenta os aspectos pedagógicos, promove a prática em relação aos aspectos tecnológicos para o desenvolvimento da competência digital do professor. Ao final, um roteiro mostra as etapas necessárias para a construção de um plano de ensino com a inclusão da cultura digital. As considerações que o professor precisa para o início, meio e fim da aula. Especificamente, o professor será capaz de compreender o que é uma aprendizagem móvel, os benefícios, e como criar e usar o QR Code nas situações didáticas.

*Na **Rota 2.5** vamos abordar aspectos da Cibercultura e a reconfiguração educacional.*

ROTA 2.5
CULTURA DIGITAL PARA UMA SALA DE AULA INOVADORA

1 Apresentar a necessidade de promover uma aprendizagem ativa em planos de ensino que envolvem a cultura digital.

2 Apresentar as vantagens e os recursos necessários para uso do infográfico como recurso pedagógico.

3 Mostrar atividades pedagógicas integradas às tecnologias para uma sala de aula inovadora.

4 Apresentar a construção do infográfico através do aplicativo PowerPoint (Ferramenta SmartArt).

5 Apresentar um roteiro para o professor planejar, executar e finalizar a aula.

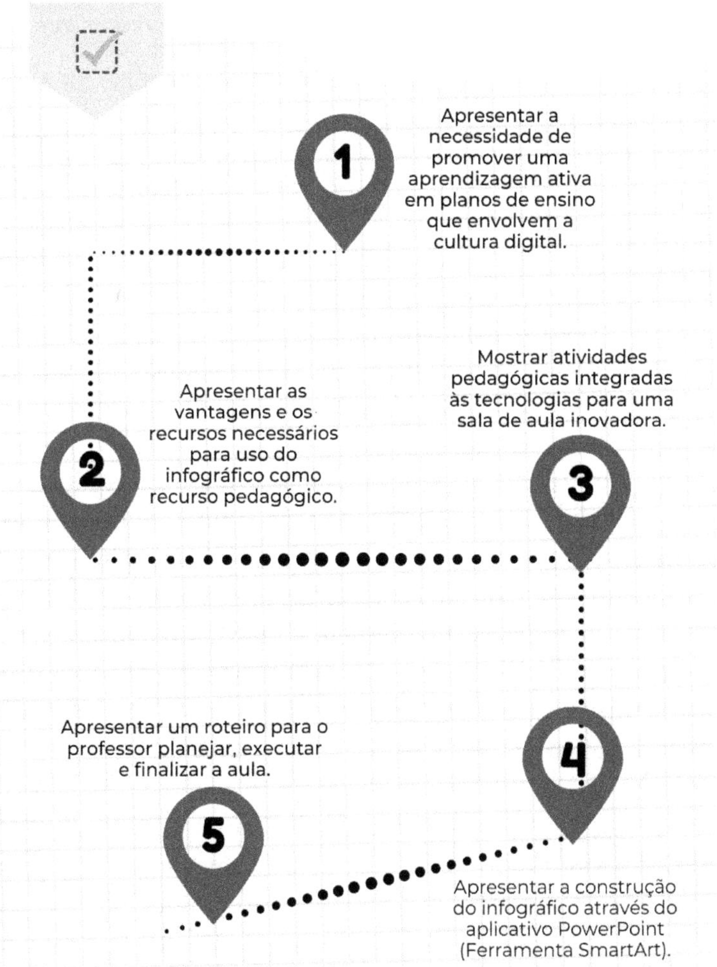

> *"[...] cibercultura é um neologismo que engloba um amplo conjunto de técnicas, práticas, comportamentos, modos de pensamentos e construção de valores, que se originam e que se desenvolvem em consonância com o crescimento do ciberespaço". Lévy (2009)*

O conceito de digital vai muito além das questões relacionadas ao uso e possibilidades de um recurso tecnológico, mas como ela pode afetar, em maior ou menor escala, todos os aspectos da atividade humana. A concepção de sala de aula digital nasce da cultura digital ou do que chamamos de **cibercultura.** Na prática significa o surgimento de comunidades online, redes sociais, construção coletiva e colaboração. CAMARGO E DAROS (2021).

Neste contexto, uma das grandes questões da educação é pensar como será a sala de aula do futuro, quais recursos estarão disponíveis, quais formatos serão aplicados e, principalmente, quais relações serão estabelecidas diante das novas possibilidades. No presente momento, o que temos é o desafio da transformação para os professores, que precisam urgentemente da aplicação de novas práticas pedagógicas em salas de aula digitais.

Ainda segundo Camargo e Daros (2021), o "Ser Digital" vai muito além do aparelhamento tecnológico, trata-se de uma mudança que reflete na cultura e no *mindset.* Não depende unicamente de incorporação de ferramentas tecnológicas educacionais, mas de como os profissionais da educação são capazes de introjetar esse modelo.

A certeza é que a educação não pode permanecer a mesma e que, mudança é a palavra de ordem. Se no passado teoria e prática podiam ser apresentadas separadamente, hoje isso não é mais justificável, nem desejável.

Implementar a mudança não é fácil. No modelo tradicional com aulas expositivas era uma ótima maneira de ensinar, mas não de aprender. Mudar essa cultura e estimular a aprendizagem corretamente com as atuais metodologias educacionais é que vai promover a tão deseja sala de aula inovadora. Os alunos de certa forma tinham uma falsa impressão de aprendizado, mas na verdade o que existia era o contato com muitas informações, o que não significa ter aprendido, pois o aprendizado efetivo exige aplicabilidade do conhecimento compreendido para que ele possa ser internalizado e permanente.

A partir desta conscientização, tem-se um crescente interesse pelas chamadas *metodologias ativas de aprendizagem,* que, em síntese, são métodos utilizados para colocar o aluno como protagonista do seu processo de aprendizagem e não mais um receptor de informações. Isto quer dizer que as **atividades pedagógicas** devem contextualizar e correlacionar conteúdos efetivamente significativos, condizentes com a realidade, para o desenvolvimento de competências úteis para a vida pessoal e profissional do estudante.

A **sala de aula inovadora** deve utilizar estratégias pedagógicas para fomentar o *aprendizado ativo*. Por exemplo, problematizar a realidade faz com que os alunos busquem resolver o problema de maneira ativa, exige deles capacidade de ordenar, organizar e associar as ideias, a refletir, analisar, sintetizar suas descobertas. Veja a seguir uma aplicação prática!

Infográfico é um ótimo recurso para o professor como material didático e como forma de explicar conteúdos de sua disciplina.

O infográfico é uma representação gráfica de informações aliadas a textos. É usado em diferentes áreas e segundo Clark e Mayer (Mayer 2005), as pessoas aprendem melhor com *texto e imagem.*

Veja abaixo alguns **tipos de infográficos** e suas **características.**

☑ **Listas** - Passo a passo, regras ou motivos citados na listagem.

☑ **Fluxogramas** - Responde uma questão específica através de uma rede de perguntas.

☑ **Linha do Tempo** - Conta uma história em ordem cronológica. É uma maneira eficaz de visualizar a história de algo, de destacar datas importantes ou de fornecer uma síntese dos eventos.

☑ **Processo** - É ideal para fornecer um resumo ou uma visão geral das etapas de um processo.

☑ **Comparações** - Compara dois assuntos, produtos ou pessoas. Uso do certo/errado; vantagens/desvantagens; antes e depois.

☑ **Gráfico** - Passa informação com foco em dados e estatísticas.

A escolha do *tipo de infográfico* deve ser realizada de acordo com a informação que deseja apresentar. Veja a tabela abaixo.

Informação	Tipo
Mostrar informações não-sequenciais.	Lista
Mostrar etapas em um processo ou linha do tempo.	Processo
Criar um fluxograma.	Processo
Mostrar o resultado de uma pesquisa.	Gráfico
Apresentar vantagens e desvantagens.	Comparação
Contar uma história em ordem cronológica.	Linha do Tempo
Usar imagens para transmitir ou enfatizar o conteúdo.	Imagem

Tabela 6: Tipos de Infográficos

Um exemplo prático é o uso do Infográfico para apresentar o resultado de uma pesquisa sobre *"Evolução Tecnológica na Sala de Aula"*. Fazendo uma análise da informação que se deseja apresentar, o *tipo de infográfico* adequado é a **linha do tempo.** Ver ilustração.

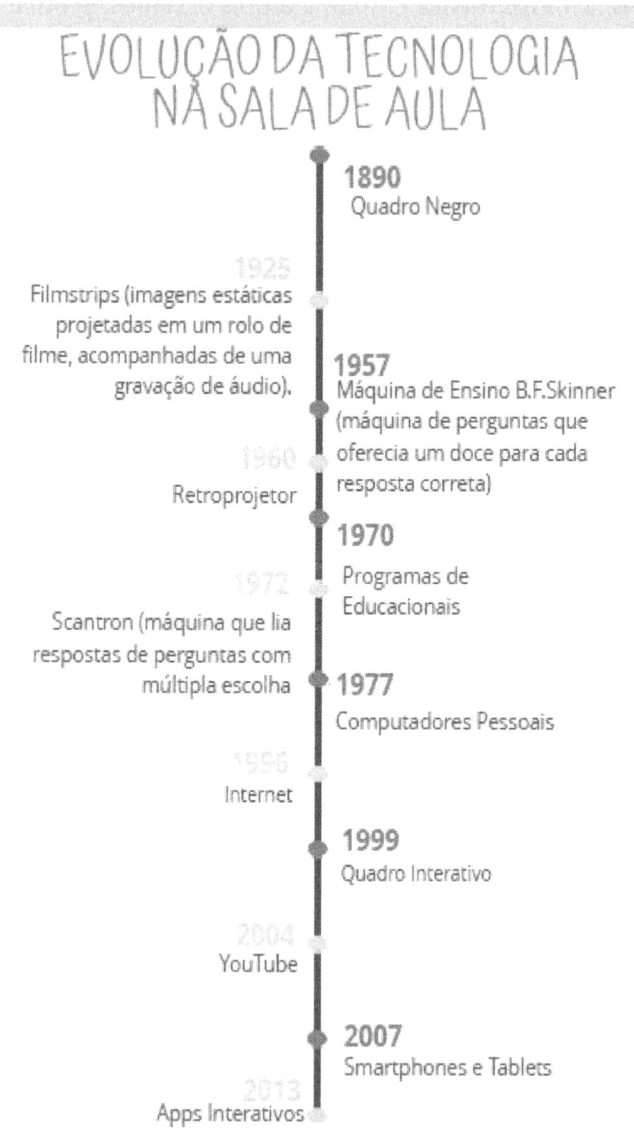

Figura 8: Infográfico evolução da tecnologia na sala de aula.

ESTRATÉGIA PEDAGÓGICA
Uso do Infográfico na Educação

Com o infográfico é possível disponibilizar informações, eliminando a leitura monótona, organizando essas informações e ajudando o leitor a compreender melhor e com rapidez o assunto que muitas vezes parece tão árido e complexo.

O uso de infográfico como estratégia pedagógica é um trunfo quando se trata de trabalhar conteúdos complexos, visto que, o uso da Infografia como uma prática de aquisição de conhecimento, melhora a aprendizagem de conteúdos complexos e possibilita a ampliação e a interação entre os alunos no desenvolvimento da tarefa, uma nova forma de aprendizagem. Como exemplo, o infográfico pode ser usado para sistematizar uma campanha de publicidade, a explicação de um sistema.

O professor pode criar uma *atividade ativa* incluindo a construção de um infográfico pelos alunos. Com isso é possível promover reflexão, análise e colaboração dos alunos sobre alguns temas, além de desenvolver competências, tais como:

- ☑ Produzir conteúdo por meio de pesquisa
- ☑ Trabalhar em grupo
- ☑ Criatividade
- ☑ Poder de Síntese
- ☑ Pensamento crítico
- ☑ Investigação

SITUAÇÕES DIDÁTICAS
Formas de Aplicação

O professor pode explorar o uso de infográficos nas seguintes situações:

☑ Trabalhar o poder de síntese do aluno em relação a um determinado conteúdo, bem como saber representar a informação em formato visual adequado.

☑ Pode ser aplicado como um trabalho avaliativo, exercício em grupo, parte de um projeto, como síntese de um processo de laboratório, ou seja, são infinitas possibilidades de aplicação.

RECURSOS PARA APLICAR
O que você vai precisar?

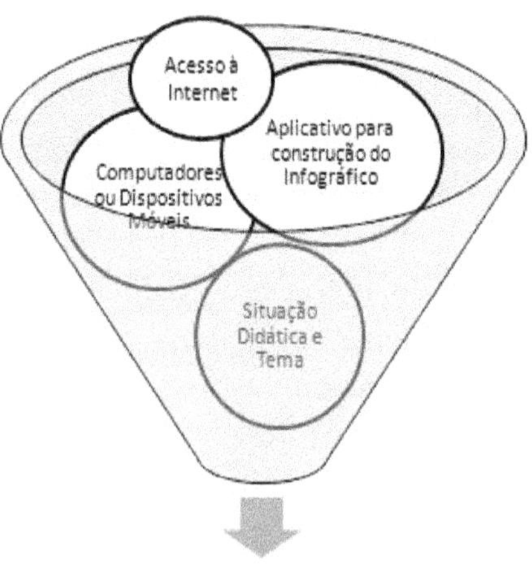

Plano de aula com cultura digital

OBJETIVOS DE APRENDIZAGEM
O que o professor vai aprender?

☑ Construir aulas interativas, gerando um maior engajamento dos alunos nos trabalhos em grupo que incluam infográficos.

☑ Ampliar as possibilidades na construção de material didático digital, explorando os recursos do PowerPoint, em especial a ferramenta SmartArt.

☑ Criar um plano de aula que inclua a cultura digital.

☑ Utilizar ferramentas digitais para a *escolha do tipo de infográfico* de acordo com a informação que deseja apresentar.

APRENDER: CONECTAR E PRATICAR
Criando Infográficos no PowerPoint

Agora que você já entendeu as possibilidades de uso do infográfico, veja como construir o infográfico com a ***ferramenta SmartArt*** do PowerPoint.

PASSO 1- ABRIR O POWERPOINT
Vamos ao passo a passo...

❶ O PowerPoint possui uma ferramenta simples para a construção de infográficos e potencializaremos o seu uso por ser uma ferramenta tão popular entre os professores.

❷ Para acessar a ferramenta selecione a **guia Inserir.**

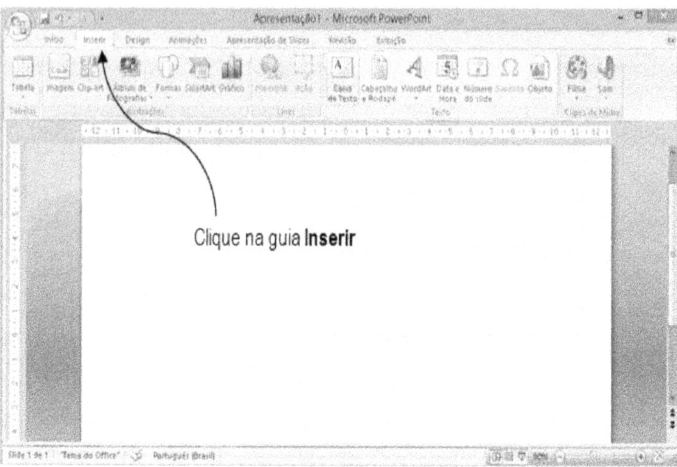

Figura 9: Interface principal do powerpoint.

❸ Observe que há uma ferramenta que faz parte da guia inserir, a **ferramenta SmartArt** (ver figura abaixo).

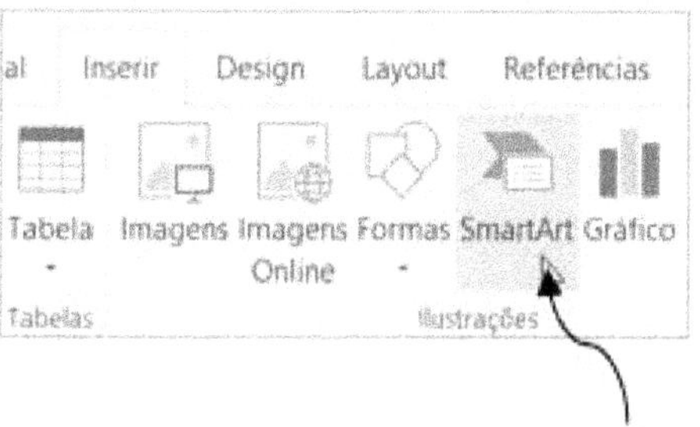

PASSO 2- VÍDEO TUTORIAL

Agora assista o vídeo tutorial com a explicação detalhada de como construir um infográfico, e quais os recursos disponíveis.

Aponte para o QR Code e assista ao vídeo!

Acesse o QR Code e veja como construir um infográfico no PowerPoint com a ferramenta SmartArt.

Ao final você será capaz de construir infográficos de diversos tipo e modelos.

Hora de Conectar e Praticar!
Mão na Massa!

1. Inicie realizando testes, explorando as várias categorias de infográficos.
2. Como sugestão, construa um infográfico que represente o conteúdo de uma disciplina para apresentar na primeira aula do semestre.
3. Analise qual tipo representa melhor a informação, e assim, obter uma melhor compreensão do aluno.
4. Explore todos os recursos de formação para valorizar seu infográfico (formas e cores).

PLANEJANDO A AULA - MÃO NA MASSA
Professor na trilha do Offline para o Online.

Criar contextos de uso integrado da tecnologia com a educação, em especial, com uso da Infografia, pode ser mais fácil do que se imagina.

Agora que você entendeu os benefícios pedagógicos do infográfico e como criá-lo com uma ferramenta simples, como o PowerPoint, chegou a hora de integrar o conteúdo de sua disciplina em um plano de aula mediado por tecnologia. Para isso, temos que definir os seguintes tópicos: ***conteúdo, tempo, interatividade e avaliação.***

ANTES DA AULA
Etapas para o Planejamento da sua Aula

O que o professor precisa definir *antes* da aula!

❶ Qual o **conteúdo** e o **tema** a ser trabalhado? Qual conteúdo da sua disciplina é adequado para a construção de infográfico, isto é, situações nas quais os alunos precisam ter **poder de síntese, concatenar ideias, selecionar o que é importante**, e **descartar o** que é irrelevante.

❷ Quais os **Objetivos de Aprendizagem** e o **resultado esperado** ou materializado?

❸ Qual a **forma de uso do Infográfico?** Qual a forma de aplicação, ou seja, a **situação didática?** As estratégias podem ser: usar para revisão de conteúdo, trabalho em grupo, individual, forma de avaliação.

❹ Qual o **tempo e/ou quantidade de aulas?** A programação deve ser combinada com a turma.

❺ Qual a **modalidade de ensino** (presencial, híbrido e remoto) e o **tipo de comunicação** que será utilizado para a interação (síncrono ou assíncrono)?

Para o formato híbrido o **ponto de partida** para a construção do infográfico é definir qual será o conteúdo para o momento presencial ou síncrono e para o momento assíncrono. Também será necessário definir as ações dos alunos.

Veja abaixo as **orientações** que o aluno deve receber para a construção do infográfico. Lembre-se, talvez ele ainda não saiba como construir um infográfico. *Mais adiante será disponibilizado um passo a passo.*

☑ **Para momento Presencial ou Síncrono** - solicitar que o aluno, baseado no conteúdo e tema definido, construa um ***rascunho*** com as Etapas 1, 2 e 3 (definir, coletar, visualizar os dados do infográfico).

Etapa 1 - Definir os objetivos do seu infográfico.

Etapa 2 - Coletar dados para seu infográfico.

Etapa 3 - Visualizar os dados em seu infográfico.

Finalizadas as etapas 1, 2 e 3, o aluno deve postar no ambiente virtual ou entregar presencialmente.

☑ **Para momento Assíncrono** - deixar disponível na sala de aula virtual as **orientações** sobre a construção do infográfico, bem como a indicação da ferramenta a ser utilizada para a construção final.

As **Etapas 4 e 5** são o uso do SMARTART para construção do infográfico.

> **Etapa 4** - Use um modelo de infográfico pronto (usar a ferramenta SmartArt do PowerPoint).
>
> **Etapa 5** - Adicione *estilo ao design do seu infográfico* (usar **a ferramenta SmartArt** do PowerPoint**).**

Dica de Ferramentas: Apesar de utilizar o PowerPoint (ferramenta SmartArt), existem outras ferramentas para criação de infográficos, como por exemplo, o ***Canva e o Piktochart***.

❻ É preciso definir **como será a apresentação do resultado final.** Será presencialmente, com uso de *datashow,* será em ambiente virtual, de forma **assíncrona** (Fórum, Mural Virtual, Podcast, Vídeo) ou **síncrona** (videoconferência, chat)?

❼ É necessário **marcar a data da apresentação e/ou entrega do trabalho** e definir se a entrega é presencial ou pelo ambiente virtual.

❽ Como será a **avaliação** e o **seu valor.**

❾ Definir quais **materiais serão disponibilizados.**

> ☑ Textos, gráficos, animações e links de vídeos, livros para apoiar a aprendizagem.
>
> ☑ Sempre disponibilizar na Sala de Aula Virtual uma orientação.

DURANTE A AULA
Roteiro de Execução da aula - Orientações

O que o professor precisa para auxiliá-lo *durante* a aula!

⏭ **Anotações importantes que o professor precisa ter para o momento da aula,** ou seja, pontos que não podem faltar, um **roteiro**. Por exemplo, definir se é necessário começar a aula conceituando, resgatando algum conceito ou aplicando uma avaliação diagnóstica.

⏭ Para esta aula é preciso **orientar os alunos sobre Infográficos e suas características** - o professor deve preparar os alunos para a construção de um Infográfico baseado no **conteúdo escolhido**. Indique algum vídeo disponível do YouTube! Você também pode usar a sugestão abaixo.

Sugestão: explicar ao aluno o principal objetivo de um infográfico, os tipos e modelos (exemplos). Para isso, utilize os **5 passos** para padronizar as etapas de construção do infográfico.

☑ **Passo 1:** Entender qual é o objetivo do infográfico.

☑ **Passo 2:** Coletar os dados para o infográfico *(neste caso, são as informações específicas relacionada ao assunto).*

☑ **Passo 3:** Visualizar os dados em seu infográfico *(o aluno deve fazer um rascunho de um infográfico).*

☑ **Passo 4:** Escolher um modelo de infográfico pronto *(sugira uma pesquisa nos modelos de infográfico, lembrando que precisa representar a informação).*

☑ **Passo 5:** Adicionar estilo ao design do seu infográfico *(faça uma adaptação no modelo do SmartArt escolhido, isto é, insera um título e o conteúdo do seu infográfico).*

⏭ Explique ao aluno como será a tarefa: a parte presencial, síncrona ou assíncrona. Consulte a etapa de planejamento, item ❺.

⏭ Informe qual será a ***data da entrega*** do conteúdo trabalhado e explique como será a ***avaliação*** e o ***valor.***

FINAL DA AULA
Registros

O que o professor precisa registrar ao *final* da aula!

⏭ **Registro de Acompanhamento dos alunos.**

☑ Observações pessoais em relação à interação do aluno na aula.

☑ Quais as maiores dúvidas dos alunos para construir o infográfico.

☑ **Fórum de Discussão** - crie um ambiente coletivo para postar dúvidas e possibilitar uma interação coletiva assíncrona e/ou síncrona. No caso de ser síncrona, deve-se informar aos estudantes o momento em que o professor estará na "sala" do fórum.

☑ **Feedback (análise do professor) -** anotações sobre a necessidade de ajustar o seu planejamento inicial quanto ao andamento da disciplina.

⏭ Informações Finais

- ☑ O que devo fazer para complementar ou melhorar o aprendizado do aluno.
- ☑ Observar o empenho e participação dos alunos.
- ☑ Anotar pontos da atividade para dar feedback aos alunos.

Pronto! Agora é a sua vez.

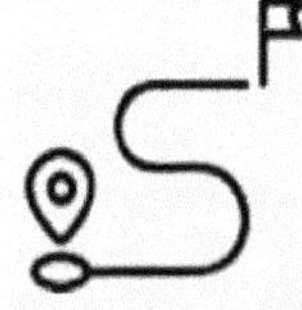

Esta rota mostra na prática todas as etapas que o professor precisa percorrer para a criação de uma sala de aula inovadora. Desde um planejamento envolvendo a aprendizagem ativa do aluno com o recurso pedagógico escolhido, o infográfico, passando pela compreensão dos tipos de infográfico, a construção de um infográfico com o aplicativo do Powerpoint até a forma de executar a aula.

*A **Rota 2.6** a seguir será explorado os recursos para promover uma aprendizagem colaborativa.*

ROTA 2.6
USO DA FERRAMENTA GOOGLE PARA UMA APRENDIZAGEM COLABORATIVA

Apresentar as vantagens da conectividade e computação nas nuvens para a educação.

Apontar como os aplicativos Google Drive e Google Docs contribuem com o aumento de produtividade do professor.

Mostrar atividades pedagógicas integradas às tecnologias para uma sala de aula inovadora.

Contextualizar os benefícios da colaboração no processo de ensino e aprendizagem.

Apresentar as situações didáticas na qual o professor deve explorar os aplicativos Google Drive e Google Docs.

A Internet é uma rede de redes, que fornece infraestrutura de software/hardware para estabelecer e manter a conectividade dos computadores em todo o mundo. Com a **conectividade** aumentando cada vez mais seu alcance e suas facilidades de acesso, mesmo sem perceber, passamos a usar um novo modelo de serviço, o acesso aos recursos remotamente.

Por exemplo, se antes tínhamos que baixar os e-mails em uma máquina local, com aplicativos específicos para acesso e leitura, a partir da alta conectividade o mesmo serviço começou a ser usado remotamente. Acabamos por nos acostumar a utilizar serviços como webmail, que mantêm as mensagens armazenadas nos respectivos servidores e nos possibilita o acesso em qualquer lugar.

Esse processo de se abrir mão do processamento e armazenamento local vem se ampliando e se tornando cada vez mais simples e transparente, a ponto de reduzir, muitas vezes, nossa percepção de onde está ou sob a responsabilidade de quem está este servidor que estamos utilizando. Assim, para nós, usuários, o serviço está em algum lugar, ao alcance de nossas conexões, o que configura a **computação em nuvem,** uma nova forma de armazenar informações. As informações estão em algum lugar desse emaranhado de nós, em *links* que compõem a grande rede.

Portanto, a computação em nuvem pode ser identificada como uma tecnologia que usa a Internet como meio de comunicação para fornecer seus serviços. É mais econômica e eficiente a contratação de um serviço de hospedagem de dados na nuvem, visto que todos os arquivos ficam *online*.

A grande **vantagem** é que não há limites geográficos para esse tipo de serviço, basta uma boa conexão com a Internet que em qualquer lugar do mundo você conseguirá acessar seus dados, o que é perfeito para quem trabalha em vários lugares diferentes. Uma **desvantagem** considerável é que sem a presença da Internet não tem condição de qualquer sistema em *Cloud* funcionar.

Computação na Nuvem não está relacionada somente à conexão entre computadores, mas também à grande diversidade de dispositivos que acessam a Internet, em especial os móveis (*smartphones, tablets, notebooks etc.)*. Praticamente todo e qualquer aparelho que tenha conexão de rede externa, de preferência sem fio (*Wireless*), poderá compartilhar seus arquivos com a nuvem.

A diferença é que agora não dependemos mais de um único grande computador, mas sim de grandes servidores que estão "em algum lugar da grande rede" centralizando nossos processamentos e armazenamentos.

Dentre os motivos para o professor utilizar a nuvem está o aumento de produtividade e o armazenamento. Com o uso deste recurso tem-se a facilidade de acesso a planilhas, atividades e suas aulas de qualquer equipamento; possibilidade de compartilhar os arquivos que quiser com a equipe de trabalho; ter um arquivo armazenado de forma segura, além de todas as ferramentas que um professor precisa em um só lugar! Quer fazer atividade, prova, lá tem! Quer continuar o planejamento da aula, lá tem! Quer montar uma apresentação, lá tem!

Uma contribuição direta para a educação é a possibilidade de criar situações de aprendizagem que favoreçam a construção coletiva, visto que a **colaboração** produz resultados surpreendentes na aprendizagem dos alunos. É um momento em que a interação e troca de conhecimentos permite construir e reconstruir os saberes, ressignificar as informações e produzir conhecimentos de forma autônoma.

Enfim, a **aprendizagem colaborativa** promove a construção de diálogos entre os aprendizes; resulta no consenso entre membros de uma comunidade de conhecimento; os aprendizes são responsáveis pela aprendizagem uns dos outros; favorece o desenvolvimento do pensamento crítico; oferece oportunidades para a interação; incentiva a participação dos aprendizes através da necessidade de exposição de ideias e dúvidas.

Essa aprendizagem pode ser explorada através dos seguintes recursos tecnológicos: Redes Sociais; Wikis; Fóruns; Blogs; Chats e Google Drive.

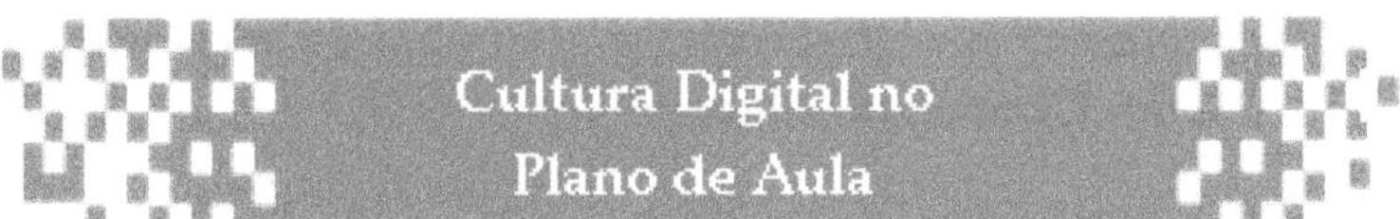

Agora que você já ampliou seus conhecimentos em relação à aprendizagem colaborativa e cultura digital, chegou a hora de aprender como incluir estas estratégias em seu plano de ensino.

ESTRATÉGIA PEDAGÓGICA
Aprendizagem Colaborativa nas Nuvens

Inicialmente é preciso entender as funcionalidades pedagógicas e tecnológicas do *Google Drive e Google Docs.*

O **Google Drive** é uma ferramenta colaborativa. De acordo com os estudos de Martins e Gouveia (2019), o Google Drive é uma ferramenta que visa enriquecer e contribuir para a aprendizagem. É gratuita e online, possibilita diversificar espaços, processos e metodologias educacionais, visto que contribui satisfatoriamente com a construção de trabalhos em grupo e atividades acadêmicas de forma conjunta, mesmo que não estejam em um mesmo espaço físico, sendo uma excelente opção a ser adotada em todas as modalidades de ensino.

O **Google Docs** é um programa de criação e edição de texto online, e o armazenamento dos arquivos é salvo automaticamente no Drive da conta Google do usuário. É também uma ferramenta colaborativa.

É importante destacar que para trabalhar colaborativamente pela internet, precisamos escolher ferramentas que permitam o compartilhamento do conteúdo digital e de uma **URL** (um localizador, que nada mais é que o "link", o endereço de acesso a um site, documento ou imagem na *internet*, ou *intranet).*

SITUAÇÕES DIDÁTICAS
Formas de Aplicação

Abaixo os contextos de uso das ferramentas *Google Drive e Google Docs* na educação. Às duas ferramentas suportam atividades colaborativas podendo ter a participação simultânea de todos os integrantes do grupo. É possível observar a construção, a reconstrução de textos e todas as alterações são salvas automaticamente.

☑ O Google Drive permite que o mesmo documento seja editado por mais de um aluno de forma *síncrona ou assíncrona*. Através da edição síncrona e assíncrona tem-se a colaboração dos alunos, como possibilidade do professor visualizar as contribuições de cada um deles.

☑ O Google Docs, por exemplo, é uma ferramenta que promove participação ativa dos alunos, integração, socialização de informações e a partilha do conhecimento produzido coletivamente. Pode ser utilizado para emitir opiniões e debater um determinado assunto com os demais alunos por meio digital, permitindo ao professor a mediação da aprendizagem.

☑ Outras sugestões de estratégias pedagógicas para atividades colaborativas são: escrever artigos em dupla ou desenvolver projetos em grupo, para isso, basta adicionar um link em sua sala de aula virtual.

RECURSOS NECESSÁRIOS
Do que você vai precisar?

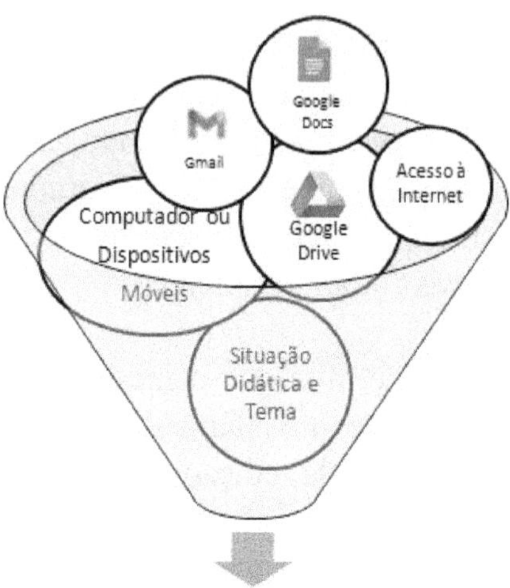

Plano de aula com cultura digital

OBJETIVOS DE APRENDIZAGEM
O que o professor vai aprender?

☑ Entender como o Google Drive e o Google Docs favorecem o professor na organização *pessoal* e *profissional*, no acesso a documentos armazenados na nuvem e na criação de aulas mais colaborativas.

☑ Construir aulas interativas gerando um maior engajamento dos alunos, tanto para aulas síncronas como assíncronas.

☑ Criar um plano de aula que inclua a cultura digital, através do potencial colaborativo da computação nas nuvens.

APRENDER: CONECTAR E PRATICAR
Tutorial Google Drive e Google Docs

Vamos ao passo a passo...

Inicialmente entenda como usar o Google Drive e posteriormente o Google Docs.

⏭ Google Drive: o que você precisa saber?

Dentre todas as vantagens de uso do Google Drive, vamos aqui tratar somente da *criação e acesso* de conteúdos armazenados via internet.

A ferramenta possibilita ao professor utilizar como *recurso pessoal* criando planilhas, documentos, apresentações e relatórios, mas também como *recurso* para criar estratégias de aprendizagem colaborativa.

A ferramenta permite trabalhar com arquivos do tipo *Documento,* semelhante ao Microsoft Word; *Planilha,* semelhante ao Microsoft Excel *e Apresentação* semelhante ao Microsoft PowerPoint. Possibilita ainda o acesso aos arquivos por *smartphones, tablets ou computadores.*

No Google Drive é possível realizar o armazenamento de **arquivos e criar pastas**, que podem ser compartilhadas, acessadas e editadas colaborativamente, a partir de qualquer dispositivo. *Vamos ao passo a passo ...*

PONTO DE PARTIDA!
Como Acessar a Página Principal do Drive?

❶O **ponto de partida** é ter/acessar uma conta Gmail.
É necessário um e-mail ____________**@gmail.com**

❷ Clique na opção de **Apps Google** através do **ícone**
Um menu suspenso surgirá com os aplicativos do Google.

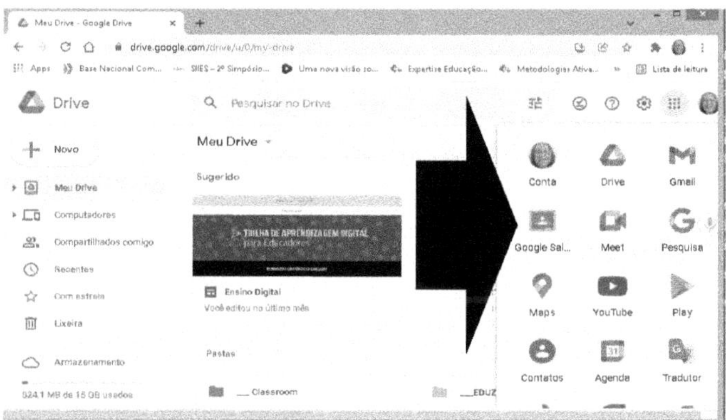

❸ Clique na **opção Drive** representado pelo ícone
Observe na área pontilhada os recursos **Novo, Meu Drive e Compartilhados Comigo.**

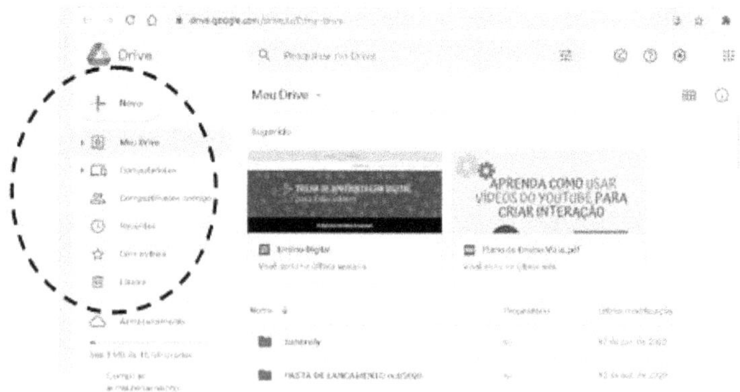

As ferramentas abaixo são importante para a aula que será planejada. Realize um teste antes de começarmos. É só clicar!

Clicar na opção NOVO para: + Novo	* Criar **Arquivos** (Documentos, Planilhas, Apresentações, Formulários Google, entre outros) e **Pastas** (recursos importantes para organização) * Fazer Upload de Arquivo e Pastas (caregar um arquivo ou pasta)
Meu Drive	Ao Clicar em MEU DRIVE você visualiza os arquivos e pastas salvos no Drive, ou seja, na nuvem.
Compartilhados comigo	É o local onde você visualiza todos os documentos compartilhados com a sua conta de e-mail.

Tabela 7: Recursos importantes do Google Drive

Como Criar Pastas e Arquivos no Drive?

Pronto! Agora aprenderemos como usar os recursos. Siga o passo a passo para criar uma pasta com um arquivo no Google Drive.

❶ Para criar uma PASTA é necessário definir o *nome que identifica o conteúdo* que será armazenado. Em seguida é só clicar em + Novo e escolher a **opção PASTA**.

Digite o nome da pasta **TRABALHOS COLABORATIVOS** e clique em **criar.** Observe que a pasta aparecerá do lado direito e para abrir basta clicar 2 vezes.

Pronto! A pasta está criada, agora falta criar o arquivo (documento). Antes, conheceremos um pouco sobre o Documento Google ou Google Docs.

⏭ Google Docs: o que você precisa saber?

Para criar um Documento Google, você não precisará de um software específico, basta um navegador para acessar a internet e uma conta no Google. Pronto! Você já tem as ferrametas necessárias para criar atividades colaborativas.

Você já deve estar pensando: aprender a usar outro editor de texto? Não se preocupe! Se você tiver arquivos criados no Microsoft Word, você poderá importá-los e utilizá-los no Google Docs.

Caso você já tenha armazenado no Drive arquivos da Microsoft é só atualizá-los sem necessidade de fazer a conversão. Assim como o Google Drive, o Google Docs também é uma ferramentas de produtividade para o professor.

O *Google Drive* possibilita ao professor maior produtividade através do armazenamento de textos, listas de exercícios e atividades em um único local; auxilia na organização dos documentos e evita um alto volume de impressão de documentos para aplicação junto aos alunos.

Com uma conta Gmail o professor conta com um espaço de até 15 gigas de armazenamento, onde é possível a criação de pastas por disciplina, turma ou tema de aulas, além de poder, compartilhar os documentos das atividades com os alunos.

O *Google Docs* além de favorecer o acesso do professor em qualquer equipamento conectado à internet, converte um documento do Word de forma automática. Pode ser utilizado em tarefas colaborativas e integrado às outras ferramentas do Google e possibilita o acesso aos documentos em qualquer hora e lugar, tanto para a criação ou correção de atividades.

Vamos retornar para o Drive, especificamente a pasta TRABALHOS COLABORATIVOS para agora criar um documento (um arquivo).

❷ Como inserir um arquivo? Para **inserir um documento na pasta criada** é preciso ativá-la. Neste caso, é só clicar 2 vezes na pasta TRABALHOS COLABORATIVOS.

❸ Com a Pasta TRABALHOS COLABORATIVOS ativa, você terá algumas opções:

- ☑ Fazer um ***Upload*** do conteúdo que está armazenado em seu computador, Pen Drive, HD externo.

- ☑ Criar um ***documento em branco,*** que pode ser no editor de texto, planilha, apresentação, formulário, etc...

Vamos criar um documento em branco! Para isso, é só seguir os passos indicados:

Clique em + Novo e escolha a opção **Documentos Google** (item 1), em seguida **Documento em branco** (item 2).

Veja ilustração a seguir!

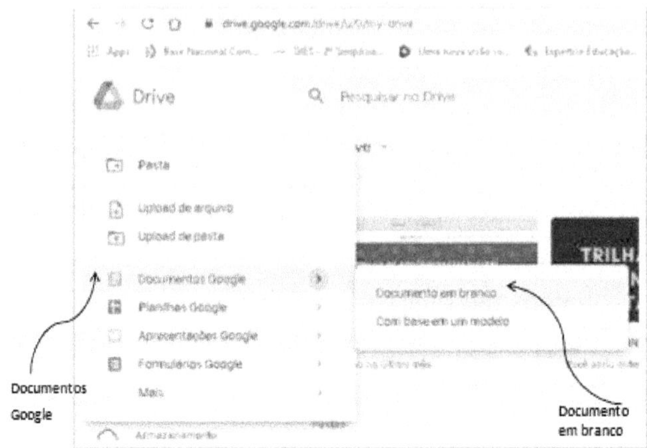

Figura 10: Criação de um documento Google a partir do Drive..

Uma *página em branco* estará disponível para que você digite a tarefa. As ferramentas de formatação são comuns a qualquer editor de texto. Atenção as setas indicativas da tela ilustrada abaixo.

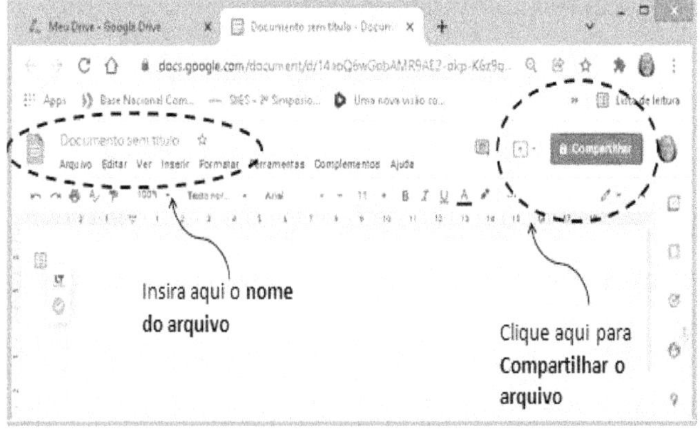

Figura 11: Página do documento Google ou Documento branco a partir do drive.

Considerações importantes:

- ☑ A interface do ***Google Docs*** ou ***Documentos Google*** tem recursos semelhantes a qualquer outro editor de texto.

- ☑ Como o documento já está armazenado dentro da pasta criada, com a possibilidade de acesso em qualquer lugar com acesso à internet.

Alguns **destaques** indicados na ilustração anterior!

- ☑ O **item 3** indica o local onde você deve inserir o nome do seu arquivo.

- ☑ O **item 4** é o espaço para digitar o texto desejado.

- ☑ O **item 5** é a ***opção compartilhar,*** o recurso que vai liberar o documento com as instruções da atividade para seus alunos ou grupos de alunos.

E agora como compartilhar o documento? A seguir os *tópicos* relacionados ao **compartilhamento de Pastas e Arquivos**.

- ☑ **Tópico 1 -** Como Compartilhar um Link de um Arquivo ou Pasta para Atividades Colaborativas?
- ☑ **Tópico 2 -** Como Adicionar Comentários e Respostas em um Documentos Colaborativos?
- ☑ **Tópico 3 -** Como Adicionar Comentários e Respostas em um Documento Colaborativo ***sem alterar*** o Texto?

Vamos ao Tópico 1!

TÓPICO 1
Como Compartilhar um Link de um Arquivo ou Pasta para Atividades Colaborativas?

As opções de compartilhamento variam de acordo com o tamanho do grupo:

☑ **Até cem pessoas:** você pode permitir que ***até cem pessoas*** com permissões para visualização, edição ou comentário **acessem um arquivo do Documentos ao mesmo tempo.**

☑ **Cem ou mais pessoas:** você pode permitir que ***cem ou mais pessoas*** acessem um arquivo, mas somente o proprietário e alguns usuários com permissões para edição poderão editar o arquivo. Para permitir que ***mais de cem pessoas*** vejam ou editem seu arquivo ao mesmo tempo, publique-o como uma página da Web.

Uma pausa aqui para entender o que é uma URL!

Um URL é um localizador, chamado *Localizador de Recurso Unificado e* nada mais é que o **"link", o endereço de acesso** a um site, documento ou imagem na *internet* ou *intranet*.

É com este link que você poderá **compartilhar o arquivo digital** com outros usuários, por exemplo, alunos de uma turma específica. Mais detalhes serão abordados adiante. Você vai ver que é muito fácil!

Vamos compartilhar a **pasta TRABALHOS COLABORATIVOS**, para isso, vamos para gerar o link.

❶ No Drive (veja ilustração abaixo), clique com o botão direito no arquivo (ou na pasta) o qual você quer ***gerar um link*** para compartilhá-lo. Clique na caixa indicada **(1)**, e um menu suspenso irá aparecer. Escolha a opção pontilhada **(2)**.

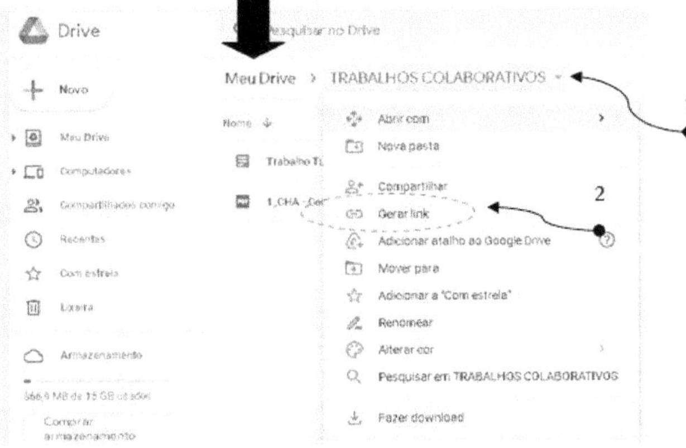

Figura 12: Gerando link para a pasta.

Ao escolher *gerar link* uma caixa de diálogo surgirá conforme ilustrado abaixo. Vamos entender...

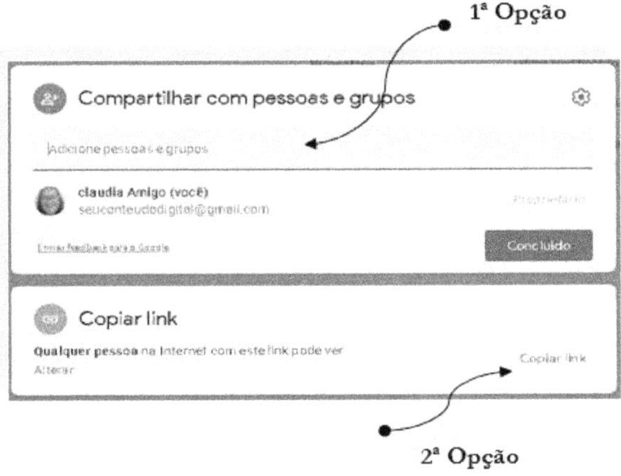

❷ Note que há duas opções para compartilhar a pasta:

Compartilhar com pessoas e grupos (opção 1): você adiciona o e-mail das pessoas para quem deseja dar acesso, juntamente com uma mensagem. Clique em **concluir** e o e-mail com o *link de acesso* será encaminhado.

Copiar link (opção 2): você *gera o link* e tem a possibilidade de enviar por Whatsapp, e-mail ou disponibilizar no Ambiente Virtual de Aprendizagem (AVA).

> ☑ Você só poderá compartilhar arquivos se for o proprietário ou tiver acesso para edição.
> ☑ Da mesma forma que o **l**ink da Pasta foi gerado, deve ser feito no caso de ser um Arquivo.

Ao clicar na opção pontilhada (veja ilustração abaixo), você poderá **copiar o link** para disponibilizá-lo no local de acesso para seus alunos.

Figura 13: Formas para compartilhar pasta ou arquivo.

❸ Ao escolher **copiar link (opção 2),** você poderá definir o ***nível de acesso da pessoa ou grupo*** que está recebendo o link.

Para isso, clique em **restriro** (ver indicação acima) ➔ escolha a opção "***Qualquer pessoa com link***".

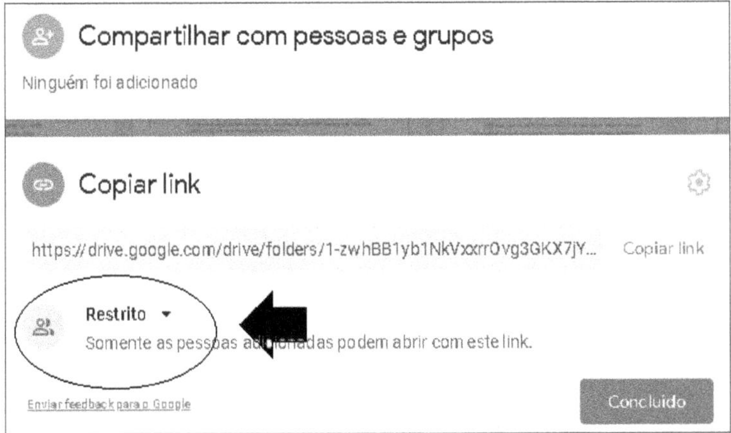

Note que agora temos *três opções de nível de acesso* para as pessoas que receberem o link (veja indicação abaixo).

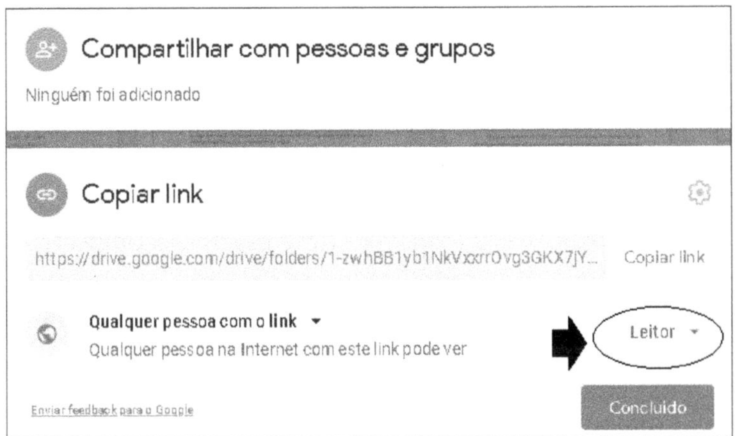

❹ Entenda o que determina cada uma das opções ***do nível de acesso*** (ver pontilhado acima).

- ☑ **Editar:** os colaboradores podem adicionar e editar conteúdo e adicionar comentários.
- ☑ **Comentar (somente arquivos selecionados):** os colaboradores podem adicionar comentários, mas não é possível editar o conteúdo.
- ☑ **Leitor:** as pessoas podem visualizar o arquivo, mas não podem editar ou adicionar comentários.

❺ Clique em Concluído.

IMPORTANTE!

Você também pode compartilhar **Arquivo ou Pasta por e-mail.** Para isso, basta percorre o trajeto até chegar no momento de escolher a opção desejada. Neste caso, você deve escolher a **opção 1.**

Todas as pessoas com quem você compartilhar por e-mail receberão um um link para acesso ao arquivo ou a pasta.

TÓPICO 2
Como Adicionar Comentários e Respostas em um Documentos Colaborativos?

❶ No Documentos, nas Planilhas ou nas Apresentações verifique os recursos da Barra de Ferramentas.

É só passar o cursor do mouse no recurso escolhido e esperar a legenda com o nome da ferramenta aparecer.

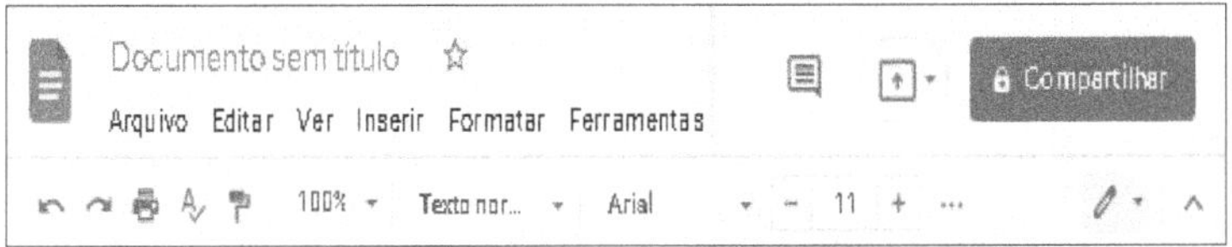

Figura 14: Barra de ferramentas Google Docs.

❷ Para Adicionar um comentário, selecione o texto que você quer comentar. Clique no ícone **Adicionar Comentário**

❸ Digite seu comentário na caixa. Este comentário ficará disponível para todos que tenham acesso ao documento.

❹ (Opcional) Para direcionar uma tarefa ou um comentário a uma **pessoa específica**, digite um sinal de adição (+) seguido pelo endereço de e-mail da pessoa.

Você pode adicionar quantas pessoas quiser. Cada pessoa receberá um e-mail com seu comentário e um link para o arquivo.

❺ Clique em Comentário (botão de confirmação).

TÓPICO 3
Como Adicionar Comentários e Respostas em um Documento Colaborativo sem Alterar o Texto?

Este recurso só deve ser utilizado em situações que propõem uma edição de alterações diretamente no documento ***sem editar o texto.***

Para alterar o texto original é preciso a aprovação do proprietário do documento, ou seja, o nível de acesso precisa ser ajustado.

❶ Você precisa ter acesso para edição ou comentários no documento para sugerir alterações.

Clique no modo de Sugestões 

❷ Para sugerir uma edição, simplesmente comece a digitar onde você acha que a edição deve ser feita no documento.

Suas sugestões aparecerão em uma nova cor, e o texto marcado para ser excluído ou substituído será riscado, mas só será excluído depois que o proprietário do documento aprovar a sugestão.

❸ O proprietário do documento receberá um e-mail com suas sugestões. Ao clicar em qualquer sugestão, ele poderá **Aceitar** ☑ ou **Rejeitar** ☒

PLANEJANDO A AULA - MÃO NA MASSA
Professor na trilha do Offline para Online.

Agora que você já entendeu a importância da colaboração e aprendeu a utilizar as ferramentas do Google, chegou a hora preparar seu plano de aula com a cultura digital.

ANTES DA AULA
Etapas para o Planejamento da sua Aula

O que o professor precisa definir _antes_ da aula!

❶ Qual o **conteúdo** e o **tema** a ser trabalhado? Para isso, é preciso identificar onde incluir ***Trabalhos Colaborativos*** em sua disciplina. Qual conteúdo pode explorar este recurso?

❷ Quais os **Objetivos de Aprendizagem** e o **resultado esperado** ou materializado?

❸ Quais as **formas de uso do Google Docs e Google Drive?** Qual a forma de aplicação, ou seja, a **situação didática?**

As estratégias de colaboração que serão utilizadas no uso do Google Docs podem ser: a elaboração de um resumo de artigo; atividades de texto colaborativo; desenvolvimento de um projeto em grupo.

❹ Qual o **tempo e/ou quantidade de aulas** será necessário para a construção da atividade? A programação deve ser combinada com a turma.

❺ Qual a **modalidade de ensino** *(presencial, híbrido ou remoto) e o* **tipo de comunicação** que serão utilizados para a interação *(síncrono ou assíncrono)* na construção da atividade colaborativa? Para o *formato híbrido* o **ponto de partida** é a definição de qual será o conteúdo para o momento *presencial ou síncrono e* para o momento *assíncrono.*

❻ O que é necessário preparar para **uso do Google Docs e Google Drive?** A organização é importante para encontrar a informação!

☑ **Para Aulas Síncronas** duas ações são necessárias:

1. **Primeira ação** é criar no ***Google Drive*** uma pasta para organizar e armazenar a atividade. Coloque um nome de pasta que identifique a ***turma, turno, instituição.***
2. **A segunda ação** é criar um documento no ***Google Docs*** com o conteúdo do trabalho. Como se trata de um trabalho colaborativo, para cada grupo o professor deverá ***criar um documento*** e um ***link de acesso*** ao documento (cada grupo registrando suas interações).

Para cada grupo faça uma **cópia/duplique a atividade** e coloque nomes que identifiquem o grupo, por exemplo, <Grupo 1 - Turma 1>, <Grupo 2 - Turma 1>.

☑ **Para Aulas Assíncronas**:

A preparação segue o mesmo caminho da aula síncrona. A diferença é que o professor precisa *gerar o link de acesso,* deixar disponível no ambiente virtual e enviar por e-mail ou Whatsapp, além de definir um prazo para encerrar o trabalho.

❼ Qual deve ser a **ação do aluno**? O que o aluno deve fazer?

É preciso definir como será a apresentação do resultado final. Será presencialmente, com uso de *datashow*, será em ambiente virtual, de forma assíncrona (Fórum, Mural Virtual, Podcast, Vídeo) ou **s**íncrona (videoconferência, chat,...)?

❽ É necessário **marcar a data da apresentação e/ou entrega do trabalho,** definir se a entrega é presencial ou pelo ambiente virtual e como.será a **avaliação** e o **seu valor.**

❾ Definir se algum **material será disponibilizado.**

- ☑ Textos, gráficos, animações e links de vídeos, livros para materiais para apoiar a aprendizagem.
- ☑ Sempre disponibilizar na Sala de Aula Virtual uma orientação.

DURANTE A AULA
Roteiro para execução da aula - Orientações

O que o professor precisa para auxiliá-lo *durante* a aula!

⏭ **Anotações importantes que o professor precisa ter para o momento da aula,** ou seja, pontos que não podem faltar, compõem o **roteiro** para uma boa aula.

Por exemplo, definir se é necessário começar a aula conceituando algum conteúdo, resgatando algum conceito, ou aplicando uma avaliação diagnóstica.

⏭ **Explicar** como trabalhar um texto colaborativo.

Caso o trabalho em grupo seja sobre um tema estudado antes da aula ou durante a aula, o professor precisa orientar os alunos nas seguintes questões: o que é necessário saber sobre um trabalho colaborativo? O que será avaliado? Quais serão os controles do professor sobre a interação do aluno no documento colaborativo? Quanto tempo eles terão para fazer o registro no documento?

⏭ Informar a **data da entrega** do conteúdo trabalhado e explicar como será a **avaliação** e o **valor.**

FINAL DA AULA
Registros: Observações Pessoais e Ideias de Melhorias

O que o professor precisa registrar ao _final_ da aula!

⏭ **Registro de Acompanhamento dos alunos**

☑ Observações pessoais em relação à interação dos alunos na aula.

Um **recurso importante** do Google Drive é que o proprietário do documento (a pessoa que o criou) pode visualizar os registros de todas as alterações, assim como quem as realizou. Bastando clicar sobre a opção **arquivo** e **escolher o item "ver histórico de revisões".**

☑ **Fórum de Discussão -** crie um ambiente coletivo para postar dúvidas e possibilitar uma interação coletiva assíncrona e síncrona. Neste caso, deve-se informar aos estudantes o momento em que o professor estará na "sala" do fórum.

- ☑ **Feedback (análise do professor) -** sobre a necessidade de ajustar o seu planejamento inicial quanto ao andamento da disciplina. Poderão ou não gerar conceitos/notas.

⏭ **Informações Finais** - anotações das percepções do professor após a aula **e** ideias de melhorias.

- ☑ O que devo fazer para complementar ou melhorar o aprendizado do aluno.
- ☑ Observar o empenho e participação dos alunos.
- ☑ Dar feedback das atividades realizadas pelos alunos.

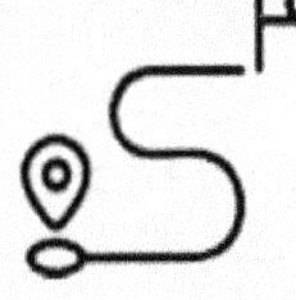

Nesta rota exploramos o conceito de aprendizagem colaborativa e suas vantagens para o processo de ensino e aprendizagem. Os aplicativos Google Drive e Google Docs foram utilizados para o desenvolvimento da competência digital do professor, visando tanto o aumento da produtividade, como também seu uso como ferramenta pedagógica.

TRILHA 3

MEDIAÇÃO TECNOLÓGICA NA PRÁTICA DO PROFESSOR INOVADOR

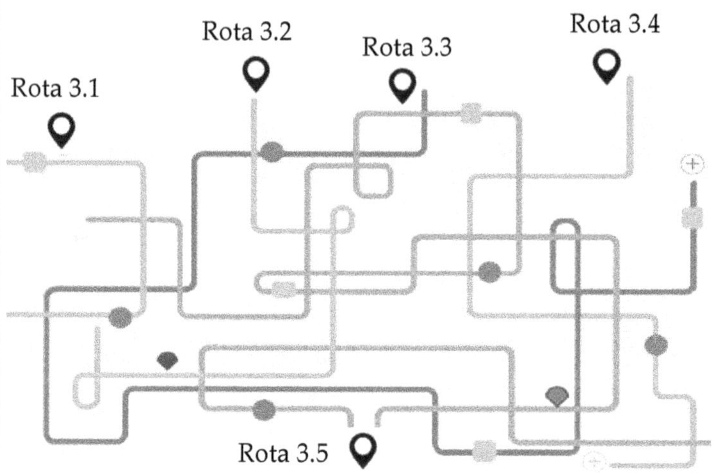

Escolha sua rota!

- **Rota 3.1** - Inovando com a Taxonomia de Bloom para Era Digital.
- **Rota 3.2** - Metodologias Ativas e a Mediação Tecnológica.
- **Rota 3.3** - O Ensino Híbrido é a Sala de Aula do Século XXI.
- **Rota 3.4** - Professores e o Ensino Híbrido: Desafios e Soluções.
- **Rota 3.5** - Ensino Híbrido: Avaliação Síncrona e Assíncrona.

ROTA 3.1
INOVANDO COM A TAXONOMIA DE BLOOM PARA A ERA DIGITAL

1 Contextualizar a inovação.

2 Conceituar e caracterizar a aprendizagem ativa.

3 Entender como aplicar a Taxonomia de Bloom para a era digital em suas práticas pedagógicas.

4 Diferenciar a avaliação presencial da avaliação online.

5 Apresentar os tipos de avaliação e os recursos digitais que podem ser utilizados para avaliação online.

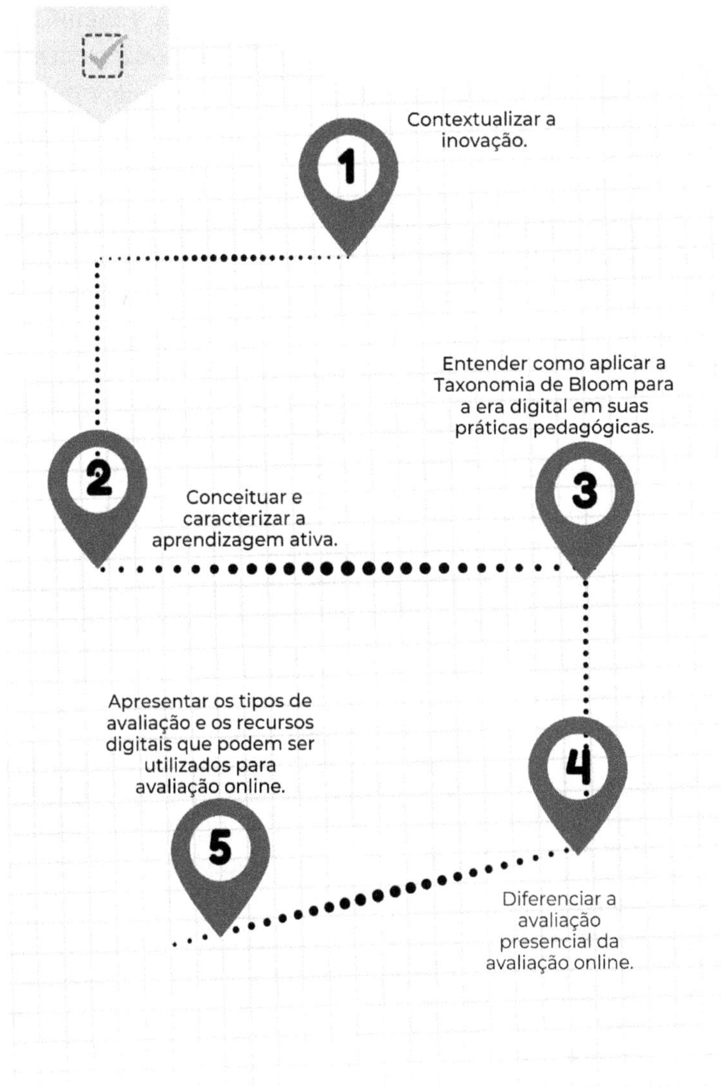

A **inovação tecnológica** tem um papel impactante no processo de evolução do ser humano, principalmente quando se trata de uma inovação disruptiva. Segundo Bessant e Tidd (2009), o conceito de inovação disruptiva foi criado por Clayton M. Christensen, professor de Harvard, e significa a transformação de uma *tecnologia, produto ou serviço* em algo novo, mais simples, conveniente, acessível, e mais do que isso, torna seu antecessor obsoleto.

A **inovação disruptiva**, também conhecida como a inovação radical, tem como característica provocar a substituição de uma solução antiga por uma nova, redefinindo os paradigmas de um setor. Como exemplo, temos a substituição da máquina de escrever para uso dos editores de texto em computadores.

A **inovação incremental**, ou evolucionária, pode ser tão simples e acessível como a releitura de uma solução existente ou a adição de melhorias e a elaboração de extensões que visem incrementar versões atuais de um produto, processo ou serviço. Um exemplo clássico desse tipo de inovação é a transposição de cursos presenciais para a modalidade a distância.

Em sua obra, Christensen apresenta exemplos clássicos, como os PCs substituindo os antigos computadores mainframe e os telefones celulares tomando o lugar dos fixos. Exemplos mais atuais de inovação disruptiva que podem ser apresentados são:

- ☑ A *Wikipedia*, que ocupou o lugar de vendedores de enciclopédia;

- ☑ O *Google*, que tornou obsoleta qualquer espécie de guia impresso e lista telefônica;

- ☑ O *Whatsapp*, que tinha o objetivo simples de substituir o SMS e inovou ao realizar chamadas telefônicas via internet, tornando-se um forte concorrente das operadoras de telefonia móvel do mundo inteiro.

⏭ Inovação e Aprendizagem Ativa

Na educação, Filatro e Cavalcanti (2018) afirmam haver diferentes tipos de inovação, visto que o universo da educação envolve alunos, professores, especialistas, pesquisadores, gestores. O que é inovação para um grupo nem sempre representa de fato inovação para o outro. No entanto, é constatável que as tecnologias digitais potencializam todos os processos envolvidos no sistema educacional. Como exemplo, temos o avanço da Educação a Distância e o Ensino Híbrido.

O fato é que a inovação deve fazer parte dos projetos pedagógicos das instituições de ensino e os profissionais da educação devem estar qualificados para implementá-los. Os professores, como mediadores, devem ter a preocupação constante de criar estratégias de ensino que coloquem o aluno como protagonista. Assim, o planejamento passa a ser um elemento ainda mais importante, para que o projeto atinja os objetivos, que é promover ao aluno uma aprendizagem ativa, competência necessária para o perfil do profissional do futuro.

Kolb (1984) argumenta que a aprendizagem ativa engloba tanto a experiência concreta (com um evento) como a experimentação ativa (planejamento de uma experiência).

Ela exige reflexão, observação (pensar sobre o que ocorreu), abstração de conceito (pensar sobre o que aprendeu e estabelecer relação com o que já foi aprendido).

A aprendizagem, em uma perspectiva da metodologia ativa é vista como um gradual, mas cumulativo desenvolvimento de "conhecimentos", por meio da participação em atividades nas quais o conhecimento é progressivamente construído, aplicado e revisto.

O que se deve considerar quando se trabalha com aprendizagem ativa é que há uma série de aquisições a serem feitas pelos alunos e professores, que vão além de conceitos a serem adquiridos. Nesse sentido, interessa a aquisição, por parte dos alunos, de estratégias, habilidades, valores, capacidade, por exemplo, de analisar, sintetizar, entre outras.

Segundo Tuna (2012), a aprendizagem ativa é caracterizada por **tarefas de aprendizagem**, como:

- ☑ Aprendizagem colaborativa, em que há envolvimento de mais alunos no processo de construção de conhecimento e trocas entre eles para que o aprendizado ocorra. Deve haver envolvimento dos alunos para fazerem coisas e estimulá-los a pensarem sobre elas;

- ☑ Um contínuo de tarefas simples para complexas, em que se vai exigindo, aos poucos, um nível maior do uso das funções cognitivas;

- ☑ Instrução direta dos professores e trabalho dos alunos a partir dessa instrução;

☑ Aprendizagem individual, levada pelo próprio aluno, em que ele sistematizará o que foi trabalhado e aprendido no grupo e formará para si um conhecimento.

Em síntese, a aprendizagem, mesmo que ocorra em grupo, é individual. Esta aprendizagem individual pode ser operacionalizada, por exemplo, a partir de estratégias que envolvam a escrita.

O que envolve, portanto, uma aprendizagem ativa?

Discussão, resolução de problemas, apresentação, trabalho e discussão em grupo, troca de papéis (representar um papel, por exemplo), ou seja, tudo aquilo que faz com que os alunos interajam uns com os outros, apoiando essas interações na leitura de materiais e com mediação tecnológica.

⏭ Taxonomia de Bloom para a Era Digital

Vamos combinar que a aprendizagem é um processo complexo, que envolve muitas *dimensões e variáveis*, e a avaliação se constitui como uma ferramenta importantíssima na jornada de aprendizagem.

No processo de ensino e aprendizagem, existem diversas teorias para auxiliar a prática pedagógica, e uma delas é a Taxonomia de Bloom. Aliado a ela, surge a necessidade de alinhar as *avaliações* com as demandas educacionais do futuro.

Entenda a seguir um pouco da evolução da Taxonomia de bloom!

A taxonomia foi revisada em 2001 por Krathwohl e Anderson (2001) visando atualizá-la para o século XXI. A ênfase maior foi na efetividade do processo educacional, ampliando o alcance desse planejamento para além da atividade em si. A versão revisada modificou os nomes das categorias do *domínio cognitivo* que estavam em forma de **substantivos** para **verbos de ação**. Tem-se então um conjunto de seis categorias para orientar o planejamento educacional: *Lembrar, Compreender, Aplicar, Analisar, Avaliar e Criar.*

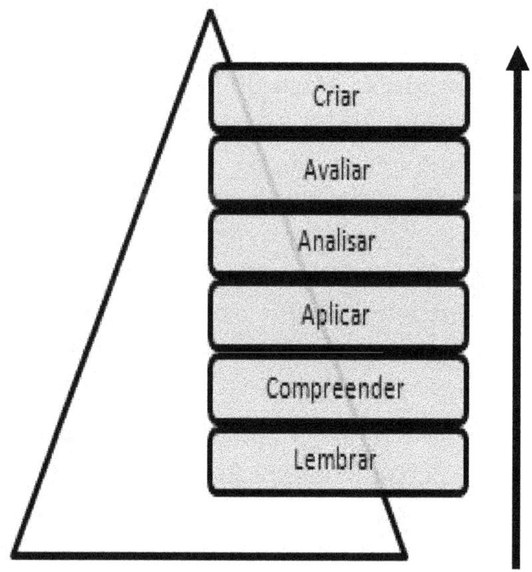

Figura 15: Verbos de ação para aplicar no planejamento.

Note que o nível mais básico é o "Lembrar", por exigir dos alunos a retomada de conceitos já apreendidos, enquanto o nível mais complexo é o "Criar", que exige a combinação de diferentes fontes de conhecimento (DORODCHI, DEHBOZORGI & FREVERT, 2017).

Para exemplificar, temos que: a **ação criar** exige que os alunos saibam juntar elementos em prol de uma solução. A **ação aplicação** exige que os alunos saibam usar o saber adquirido em novas situações (resolução de problemas). Usar a informação ou o conceito em uma nova situação. A **ação lembrar** diz sobre a habilidade do aluno de memorizar e lembrar-se de eventos, situações e termos, sem a urgência de saber exatamente o que significam.

Em 2009, a taxonomia de Bloom revisada foi adaptada por Churches (2009) para abordagem de recursos educacionais em **ambientes de aprendizagem digital**. A adequação foi justificada pelo aumento de aprendizagens em contexto tecnológico.

E como isso funciona? Conectando as *dimensões cognitivas*, a *Taxonomia de Bloom Revisada* e as *Ferramentas de Avaliação Online*. O professor deve incluir a cultura digital nas atividades para envolver este aluno em uma atividade que o motive a refletir sobre as próprias ideias e como estão sendo utilizadas. Veja ilustração a seguir.

No digital, a aprendizagem ativa pode ocorrer com as ofertas de informação em diferentes formatos. O uso de **Fóruns** são aceitos pelos alunos e podem ser utilizados como ferramenta poderosa para aprendizagem colaborativa é uma via importante para avaliação da aprendizagem. Da mesma forma, um trabalho em grupo com **documentos compartilhados**, por exemplo, para promover a interação e participação durante uma aula, e assim, promover a construção de um texto colaborativo em tempo real.

Note que através do mapa da taxonomia de Bloom para a era digital é possível promover a aprendizagem ativa, significativa, colaborativa, ligada ao mundo real.

Termos Chaves	Verbos de Ação	Ferramentas
CRIAR	• Construir, Criar, Produzir, Elaborar, Colaborar, Mesclar, Cooperar, Inventar,...	Google Site, Scratch
AVALIAR	• Refletir, Fazer hipótese, Convencer, Concluir, Recomendar,...	Socrative Kahoot
ANALISAR	• Criar Mapa Mental, Planificar, Categorizar, Lincar, Informar,...	Cmap Cloud Coggle
APLICAR	• Explicar, Articular, Examinar, Editar, Entrevistar, Carregar Online, Compartilhar.	Wiki Powtoon
COMPREENDER	• Resumir, Parafrasear, Comparar, Comentar, Escrever Artigo, Explicar, Prever, Identificar.	Twitter Blog
LEMBRAR	• Descrever, Listar, Marcar, localizar, Conectar, Memorizar, Marcar Favoritos,	Youtube, Apps Office

Figura 16: Mapa Taxonomia de Bloom com as ferramentas digitais.

E como fica a avaliação?

Independente da modalidade de ensino, os princípios gerais que se aplicam à elaboração de **tarefas de avaliação presencial,** naturalmente, também se aplicam à elaboração de **tarefas de avaliação online.** Ocorre que no universo *online*, os recursos de caneta e papel foram substituídos pelos recursos *online* para realizar os mesmos tipos de avaliações.

Segundo Quevedo-Camargo (2021), as ferramentas de avaliação *online* têm vários benefícios em relação aos testes tradicionais de caneta e papel.

Alguns deles são:

- ☑ Os itens do teste podem ser randomizados quando a avaliação é feita, então nenhum aluno verá os itens aparecerem na mesma ordem que os demais;
- ☑ No caso de perguntas de múltipla escolha, as alternativas "erradas" podem ser randomizadas;
- ☑ Os itens de teste podem ser identificados por nível de dificuldade;
- ☑ Alguns tipos de itens podem ser pontuados pela própria ferramenta, dispensando o professor desse trabalho;
- ☑ As ferramentas *online* podem fornecer *feedback* imediato aos alunos;
- ☑ Ferramentas *online* podem realizar análises nos itens do teste, o que ajudará o avaliador a identificar questões ou itens ruins.

Para qualquer **tipo de avaliação** (*diagnóstica, formativa, somativa, autoavaliação e avaliação entre pares*) é possível fazer uso de recursos digitais, como áudio, vídeo, animação e outros tipos de itens inovadores.

Vale lembrar que o nível da aprendizagem dos alunos também será influenciado pela ação do professor, ou seja, a forma como será realizada a mediação da aplicação da aprendizagem ativa. Um diagnóstico inical é sempre válido!

DICA DE LINK VIA QR CODE
Uma Experiência de Aprendizagem!

Acesse o QR Code abaixo e veja o potencial de uma experiência de aprendizagem fantástica através da **Realidade Aumentada (RA)** aplicada a educação.

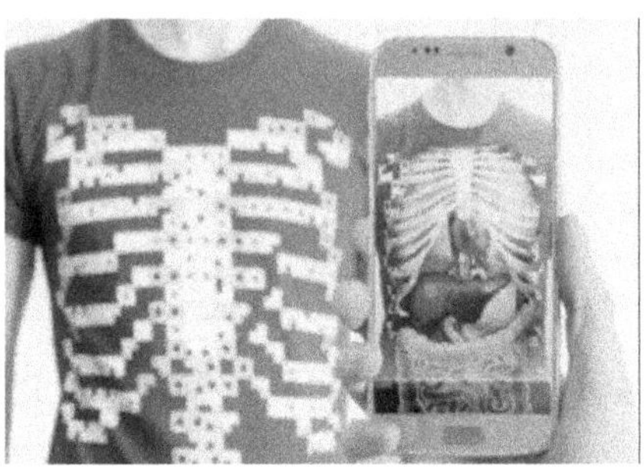

Imagine que uma camisa pode nos levar a ver o corpo com visão de raio X. É isso mesmo!

Dica: Pesquise sobre recursos de RA para sua área. Pode ter certeza que são experiências bastante atrativas para os alunos!

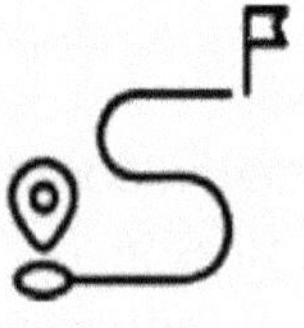

O foco desta rota é aplicar a taxonomia de Bloom para a era digital no processo de avaliação da aprendizagem online, além de mostrar que é possível seu uso para promover uma aprendizagem ativa com diversas atividades e aplicativos.

ROTA 3.2
METODOLOGIAS ATIVAS E A MEDIAÇÃO TECNOLÓGICA

Já é uma realidade a cultura digital, certo? A cada dia estamos mais conectados e, depois da pandemia, cada vez mais boa parte da vida se passa online. Por conta desse "mundo online paralelo", especialistas começaram a observar mudanças sociais, econômicas e comportamentais na sociedade como um todo. A maioria das coisas que fazíamos de *forma analógica* passaram a ser feitas de *forma online*, como pagar contas, conversar com amigos, pesquisar informações, assistir conferências etc.

Por outro lado, também já se tornou realidade os desafios da educação contemporânea. Dentre as várias perspectivas, temos uma que é entender como deve funcionar a atuação desse aluno na sala de aula e como favorecer o seu próprio ritmo de aprendizagem, entendendo como ele aprende e quais recursos potencializam esse processo.

O professor deve criar ações para motivar o aluno com aulas mais criativas e dinâmicas, que despertem o interesse do aluno pelo conteúdo, relacionando-o sempre com o seu cotidiano e com a prática. A **neurodidática** comprova que o cérebro precisa se emocionar para aprender. Na prática, o professor pode construir os conceitos junto à turma e utilizar as tecnologias e os recursos online como meios de promover a aprendizagem. Estratégias de ensino mesclando atividades e interações presenciais com online.

A contribuição pode ir além com o uso das tecnologias emergentes (Inteligência Artificial, Big Data.) para fazer a análise de desempenho e da aprendizagem dos alunos. É a tecnologia como espinha dorsal do processo. (*Mais informação na Rota 1.3 e Rota 1.4*).

Apesar da cultura tecnológica no processo de ensino e aprendizagem, ela não é fim por si só, mas sim uma grande aliada deste processo, tendo em mente uma geração que vive em contextos *online e offline*. De maneira geral, a presença das tecnologias digitais favorece as novas formas de aprendizagem.

Outra abordagem a destacar é a **mediação tecnológica *na educação,*** que já vinha crescendo por causa da evolução das inovações tecnológicas e acelerou na pandemia em 2020.

A partir da facilidade do acesso ao conhecimento e às tecnologias digitais disponíveis, a mediação tecnológica surge como possibilidade educacional. Assim, o "mediar tecnologicamente" é na perspectiva das ênfases didáticas, situação de aprendizagem via TDIC em comunicação síncrona e assíncrona. Na prática são as possibilidades de interação entre aprendiz/aprendiz, aprendiz/conteúdo, aprendiz/professores, professores/professores, professores/conteúdos.

Neste contexto, o que predomina é a abordagem *cognitivista,* exigindo **novas metodologias** e **novos papéis** de professor e aluno. Filatro (2018), propõe para uma educação inovadora 4 grupos de metodologias, são elas:

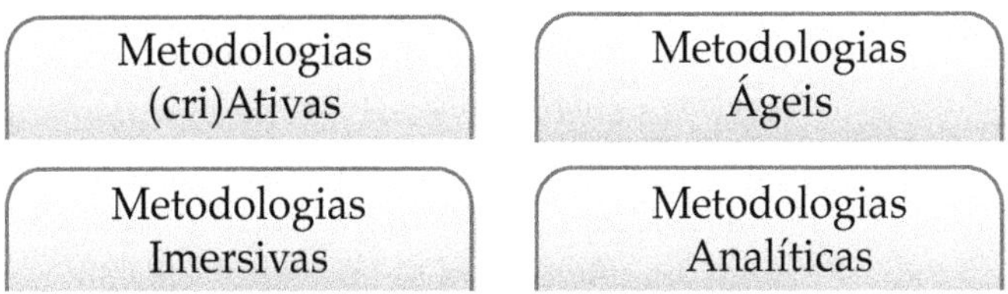

Figura 17: Grupos de metodologias.

A seguir vamos explorar as Metodologias Ativas e mais adiante detalhes do Ensino Híbrido.

⏭ O que são as Metodologias Ativas?

> *As metodologias ativas, quando empregadas da maneira adequada, podem colocar o aluno no papel de protagonista do seu próprio processo de aprendizagem, por meio do "[...] seu envolvimento direto, participativo e reflexivo em todas as etapas do processo, experimentando, desenhando, criando, com orientação do professor [...]" (BACICH, 2015).*

As metodologias ativas constituem estratégias, métodos e técnicas promotores da aprendizagem ativa. A ênfase é dada ao papel protagonista do aluno, de forma participativa e reflexiva, em todas as etapas do processo com a mediação do professor.

Segundo Bacich e Moram (2018), as metodologias ativas

> *são estratégias de ensino centradas na participação efetiva dos estudantes na construção do processo de aprendizagem, de forma flexível, interligada e híbrida. As metodologias ativas, num mundo conectado e digital, expressam-se por meio de modelos de ensino híbridos, com muitas possíveis combinações. A junção de metodologias ativas com modelos flexíveis e híbridos traz contribuições importantes para o desenho de soluções atuais para os aprendizes de hoje.*

De maneira geral, as metodologias ativas englobam diferentes práticas em sala de aula com um objetivo comum de deixar para trás as aulas expositivas, dando espaço para a criatividade e envolvendo uma aprendizagem mais significativa e dinâmica.

O que se quer na prática é que o professor de forma intencional elabore seu planejamento priorizando o uso de estratégias didáticas de solução de problemas. E é na busca por uma solução satisfatória que ocorrerá a aquisição de conhecimento.

O uso das Metodologias Ativas como prática inovadora em uma aula, implica em propor situações que envolvam algumas das características ilustrada abaixo!

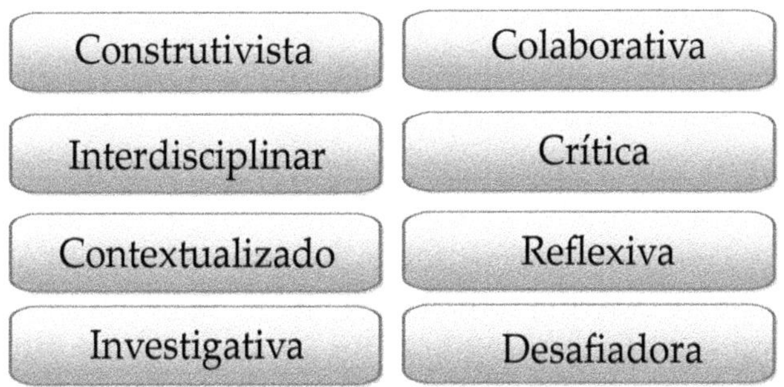

Figura 18: Características das aulas que promovem uma aprendizagem ativa

É preciso estabelecer objetivos bem claros, foco nos alunos para valorizar a jornada e as experiências de forma personalizada, explorar a emoção, o lúdico e a diversão, e propor experiências que apoiem o potencial do aluno. Devemos ter algumas perguntas em mente, como por exemplo, o que eu tenho que ensinar? Como meus alunos vão aprender?

Devemos ter em mente o que o neurocientista espanhol Francisco Mora diz ao afirmar que "só se aprende aquilo que se ama", por meio da emoção. "O cérebro precisa se emocionar para aprender. A emoção serve para armazenar e recordar de uma forma eficaz" (o que se aprende).

⏭ Tipos de Metodologias Ativas de Aprendizagem

Uma breve descrição das metodologias!..

Aprendizagem baseada em problemas ABprob (Problem Based Learning - PBL) é uma abordagem metodológica na qual os estudantes aprendem enquanto buscam soluções para problemas. Aqui o professor oferece aos estudantes um problema que deve ser solucionado e, para ter sucesso neste objetivo, os próprios alunos devem buscar os conhecimentos de que necessitam.

Aprendizagem baseada em projetos ABproj (Project Based Learning é muito parecido com o anterior e também tem a sigla PBL) é uma abordagem que estimula o estudante a aprender enquanto aplica o conhecimento para o desenvolvimento de alguma solução. Esta metodologia costuma ser utilizada tendo como foco questões relacionadas com a vida do estudante. É uma oportunidade de integrar teoria e prática.

Aprendizagem baseada em times (Team Based Learning - TBL) é muito mais do que simplesmente fazer atividades em equipes. É uma estratégia muito bem vinda para casos de turmas grandes, compostas por alunos com diferentes graus de conhecimento e habilidades.

Além de possibilitar uma forma ativa de aprendizagem, o TBL permite ainda a prática da colaboração, da empatia e da ajuda mútua entre os estudantes.

Aprendizagem baseada em jogos (Game Based Learning) - consiste na utilização de um jogo como facilitador do processo de aprendizagem. As possibilidades são diversas, desde o uso de jogos temáticos, jogos que desenvolvam comportamentos específicos e até mesmo a produção, por parte dos alunos, dos próprios games.

Outra técnica relacionada a este universo é a **Gamificação**, que significa usar mecânicas isoladas dos jogos para tornar as atividades mais interessantes. Você sabia que 72% dos brasileiros têm costume de jogar jogos eletrônicos? (Pesquisa GAME BRASIL, 2021)

Storytelling - É uma estratégia poderosa para engajar os estudantes, mesmo em aulas com uma abordagem mais tradicional. O storytelling nada mais é que a arte de contar histórias, a criação de narrativas incríveis que vão facilitar a imersão do estudante no conteúdo que está sendo abordado.

Estudo de Caso - É uma estratégia de ensino que consiste no estudo de situações de um contexto real, que se aproxima muito do que vemos na PBL. O estudo acontece a partir de um caso em uma situação real, e é muito eficaz tanto para a aprendizagem de conteúdos teóricos, quanto para o desenvolvimento de habilidades e competências socioemocionais.

Aprendizagem baseada em Pares (Peer Instruction) - é também uma metodologia ativa de aprendizagem que se baseia na cooperação entre os estudantes. Para que funcione, os estudantes devem ter estudado previamente os conteúdos. No momento da aula, os estudantes resolvem questões com um feedback instantâneo e, a partir do número de erros e acertos, são organizados em grupos ou duplas para compreender seus erros e aprender a partir da percepção dos colegas.

Ensino híbrido (Blended learning) - consiste num conjunto de estratégias que utilizam a tecnologia como uma forte aliada para o processo de ensino-aprendizagem. É uma modalidade de ensino que tem ganhado cada vez mais notoriedade, e se baseia na união do ensino presencial com o ensino a distância. A sala de aula invertida é uma forma de ensino híbrido, uma vez que as aulas geralmente são disponibilizadas online na forma de vídeos de curta duração. O aluno pode estudar em casa a partir destes conteúdos e, no ensino presencial, tem uma abordagem mais prática e direcionada. Mais detalhes abaixo.

Sala de aula invertida (Flipped Classroom) - como pode ser traduzida, consiste em "inverter" a lógica da sala de aula. Normalmente os estudantes têm os conteúdos em sala e, em casa, realizam as tarefas e atividades propostas pelo professor. Esta abordagem coloca o conteúdo para ser estudado previamente pelo estudante em casa e, quando presente na escola com a presença do professor, se destina a fazer as atividades práticas e tirar dúvidas. Esta é talvez uma das metodologias mais comentadas nos últimos anos.

Design Thinking - é um modelo de pensamento. É o processo de gerar e aprimorar soluções para desafios de diversos tipos, deixando uma liberdade para errar e aprender com os erros, gerando novas ideias, recebendo feedback de colaboradores e um reciclo de todo o processo (EDUCADIGITAL, 2014). É um modelo centrado no ser humano, **é** otimista e experimental.

Diante de tantas opções qual metodologia ativa aplicar? Como escolher? Uma sugestão é:

1. Estabelecer bem os *objetivos de aprendizagem*;
2. Definir quais *habilidades* serão trabalhadas;

A partir da escolha da habilidade desejada várias opções de metodologias ativas podem ser aplicadas. Veja tabela 8 abaixo.

Habilidades Desejadas	Metodologias Ativas
Comunicação, Colaboração, Tomada de Decisão, Responsabilidade, Curiosidade, Criatividade, Trabalho em Equipe e Pensamento Crítico.	☑ Aprendizagem baseada em Problemas ☑ Aprendizagem baseada em Projetos ☑ Aprendizagem baseada em Equipes
Comunicação, Colaboração, Tomada de Decisão, Confiança, Autocontrole, Responsabilidade, Trabalho em Equipe e Pensamento Crítico. Feedback Constante.	☑ Aprendizagem por Pares (Peer Instruction) ☑ Sala de Aula Invertida

Tabela 8: Representação das habilidades e as metodologias que podem ser exploradas.

Escolhida a metodologia ativa, algumas **reflexões** são necessárias para o planejamento:

1. O que estou propondo motiva o protagonismo do aluno, ou seja, estimula o comportamento ativo?

2. No planejamento qual característica indica que estou indo para além da transmissão do conteúdo?

3. A metodologia ativa escolhida no planejamento está atendendo aos objetivos de aprendizagem?

4. A metodologia ativa escolhida integra às minhas ações pedagógicas algum tipo de tecnologia digital?

5. O planejamento elaborado realmente substitui os métodos tradicionais e geram uma experiência de aprendizagem mais ativa?

6. Como vou analisar a aprendizagem do aluno?

7. Como posso promover a autoavaliação do aluno?

Além das questões e metodologias citadas é importante entender como aprendemos! Informação valiosa na hora do planejamento.

⏭ Como Aprendemos?

Vamos iniciar com a seguinte pergunta: todas as pessoas vão responder aos mesmos estímulos e mesmos métodos de busca de conhecimento?

Entender como aprendemos é um dos recursos para atingirmos o resultado desejado, e responder as perguntas acima. Para isso, vamos entender como funciona a **Pirâmide da Aprendizagem** proposta por Willian Glasser.

Glasser mostra que a aula expositiva, na qual o estudante é um agente passivo no processo de aprendizagem, apenas recebendo conteúdos, deve adotar uma metodologia que estimule a participação ativa deste estudante na construção do conhecimento.

As pessoas não respondem igualmente aos mesmos estímulos e mesmos métodos de busca do conhecimento. E esta é a vantagem das Metodologias Ativas para o aprendizado! É estimular o aluno a pensar de maneira diferente e resolver problemas conectando ideias que, em princípio, parecem desconectadas.

Podemos concluir que, quanto mais nos relacionamos com o conhecimento de **forma ativa**, um maior número de informações é assimilado. Isso significa que um estilo **mais passivo** (de escuta, leitura, etc.) traz menos resultados do que adotar uma metodologia mais interativa.

Castellar e Moraes (2018) reforçam que para uma aprendizagem ativa os alunos precisam ser mais que ouvintes passivos: eles devem envolver-se em atividades (leitura, discussão, escrita etc.); a ênfase menor deve estar na informação a ser adquirida, e a maior no desenvolvimento de estratégias de aprendizagem, ou seja, é preciso instigar o aluno a pesquisar, fazer analogias, comparar. Além disso, as atividades devem estimular as atitudes e valores; a motivação dos alunos deve aumentar (especialmente nos adultos); os alunos devem receber retornos do professor, e serem capazes de realizar análises, sínteses, avaliações, etc.

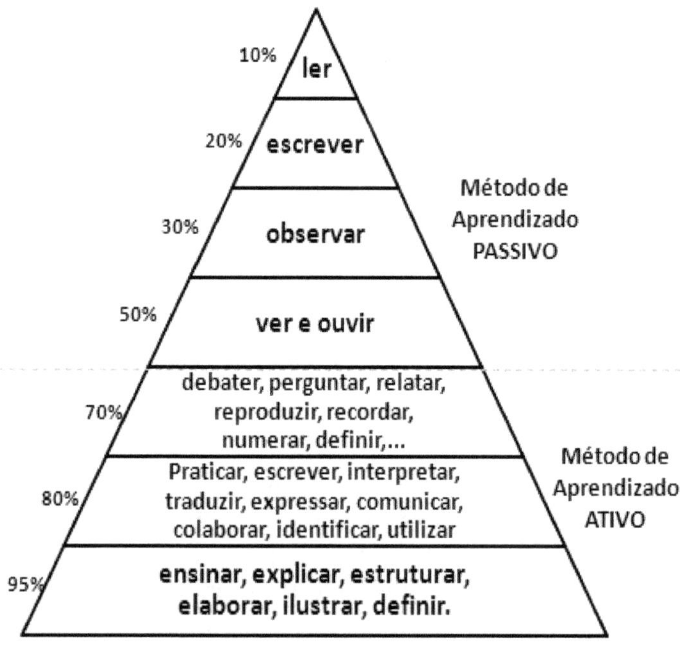

Figura 19: Pirâmide de Glasser.

Os conteúdos, quando abordados na perspectiva da aprendizagem ativa, chegam a ser 70% retidos na participação de uma discussão em grupo e até 95% quando aplicamos na prática ou ensinados.

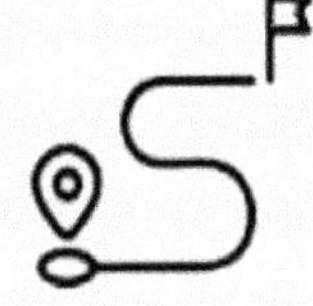

Nesta rota foi apresentado de forma resumida o conceito de Metodologias Ativas, os tipos com suas características, além de enfatizar a forma como aprendemos, proposta por Glasser. Também foi dada uma dica de como escolher a metodologia para um planejamento que envolve a aprendizagem ativa.

Na ***Rota 3.3*** *uma dessas metodologias ativas será apresentada.*

ROTA 3.3
ENSINO HÍBRIDO É A SALA DE AULA DO SÉCULO XXI?

Bacich e Moram (2018), apresentam dois conceitos poderosos para a aprendizagem contemporânea, a aprendizagem **ativa** e aprendizagem **híbrida.**

Podemos definir o ensino híbrido como uma mistura do *ensino presencial* e o *ensino a distância*, o que faz o uso da tecnologia ser obrigatório. O ensino híbrido é uma forma de ensinar que integra as atividades presenciais, em sala de aula e com a interação do professor, com o aprendizado *online*, que utiliza as tecnologias digitais para possibilitar o acesso ao conhecimento com o controle do tempo e do ritmo por parte do estudante.

Figura 20: representação do Ensino Híbrido

As metodologias de forma híbrida podem ocorrer em ambientes virtuais de aprendizagem, em salas de aula virtual do Google, nas redes sociais (Whatsapp, Facebook, Instagram.) e outras plataformas que são as novas salas de aula ou extensão delas.

Adotar o ensino híbrido no planejamento pedagógico é uma forma de inovação na sala de aula, além de atender ao perfil de aprendizagem do aluno do século XXI, onde o conhecimento pode ser adquirido de forma mais livre, permitindo que ele amplie ou até mesmo complemente o que foi trabalhado em sala de aula.

A ideia de um ensino "mesclado/misturado" não é uma concepção recente para o Ensino Superior, que sempre visou integrar o EAD com o presencial. Já para a Educação Básica, implantar este modelo foi potencializado com a pandemia.

⏭ O que precisamos saber do Ensino Híbrido?

É um modelo que visa respeitar o ritmo e o estilo de aprendizagem, personalização, protagonismo do aluno, promover a colaboração entre pares nos processos de ensino e de aprendizagem, e tem como destaque a cultura da autoavaliação. O professor passa a ter que desenvolver um mindset para uma cultura de inovação.

O ensino híbrido promove um planejamento integrado e interdisciplinar, possibilitando a criação de várias estratégias para abordar um assunto. O importante é definir o objetivo da ação e qual o papel do estudante nesse processo. Não basta apenas misturar as duas modalidades (online e presencial).

A característica mais marcante do ensino híbrido é a **experiência integrada**. Segundo Horn e Staker (2015) o ensino híbrido visa incentivar o aluno a complementar o que vem aprendendo nos momentos presenciais e *online*, o que é diferente de acessar tópicos de conteúdo *online* indicados pelo professor e, após isso, em sala de aula, estudar tais assuntos novamente. Assim, o professor deve ter disposição para inovar em seu planejamento e saber integrar sua prática pedagógica as tecnologias digitais.

Na busca por uma personalização do ensino, cabe ao professor "mediar a aprendizagem autônoma do aluno e os objetivos traçados para o nível de cada série ou ciclo de ensino" (SILVA, 2017). Sendo assim, a **avaliação** é parte importante do processo educacional híbrido, devendo constar desde os seus planejamentos iniciais de preparação e implementação.

⏭ Modelos de Ensino Híbrido

Seguindo a linha dos sete modelos desenvolvida pelo Instituto Clayton Christensen, pioneiro nas pesquisas sobre inovação e Ensino Híbrido, existem dois tipos principais de modelos possíveis quando se fala em aplicação de ensino híbrido. Os modelos "sustentados" ou "disruptivos".

Os **modelos sustentados** consideram a presença física de todos os alunos da turma em sala de aula, os **modelos disruptivos** possuem uma metodologia que rompe totalmente com o ensino tradicional. Trabalham com a ideia de que não necessariamente todos os alunos estarão fisicamente presentes. Veja na tabela 9 como os modelos se estruturam.

Tipos de Ensino Híbrido	Escolas Tradicionais	Modelo de Rotação	•Rotação por Estações •Laboratório Rotacional •Sala de Aula Invertida
		Ensino Híbrido	•Rotação Individual
	Ensino Online	•Modelo Flex •Modelo A La Carte • Modelo Virtual Aprimorado	

Tabela 9: Tipos de Modelos de Ensino Híbrido

Especificamente, conheça as **características** dos modelos híbridos, segundo Bacich, Neto e Trevisani (2015) e Horn e Staker (2015).

☑ **Rotação por Estações**: nela os estudantes realizam diferentes atividades, em estações, no espaço da sala de aula. Neste formato, os alunos migram por diferentes estações de trabalho e cada rodada possui uma tarefa ou objetivo próprio.

O professor pode trabalhar diferentes habilidades em cada estação, por exemplo: uma estação focando na leitura, outra na escrita, outra na produção e desenvolvimento, outra na pesquisa e utilização da internet, etc. Assim é possível entender quais as potencialidades ou dificuldades de cada aluno dentro de cada habilidade.

☑ **Laboratório Rotacional**: neste modelo, os estudantes usam o espaço da sala de aula e laboratórios. É um esquema bem próximo da rotação por estação. A diferença é que os alunos são divididos em dois espaços de trabalho, sendo um deles o laboratório computacional e o outro a sala de aula.

☑ **Sala de Aula Invertida**: na sala de aula invertida, a teoria é estudada em casa, no formato online, e o espaço da sala de aula é utilizado para discussões, resolução de atividades, entre outras propostas. Teremos um tópico específico a seguir.

☑ **Rotação Individual**: nesse modelo cada aluno tem uma lista das propostas que deve contemplar em sua rotina para cumprir os temas a serem estudados.

Podemos considerar que os dois ambientes de aprendizagem, a sala de aula tradicional e o ambiente virtual de aprendizagem estão tornando-se gradativamente complementares. Isso ocorre porque, além do uso de variadas tecnologias digitais, o modelo impulsiona o aprendiz a interagir com o grupo, intensificando a troca de experiências.

⏭ Ambientes de Aprendizagem Virtual (AVA) e a Sala de Aula Invertida

Para dar suporte ao Ensino Híbrido, precisamos de tecnologia para os momentos online. É necessário o uso de **Ambientes Virtuais de Aprendizagem (AVA)** ou salas de aula virtual, que são softwares acessíveis aos usuários que permitem *gerenciamento da aprendizagem* via Web. É um ambiente elaborado para ajudar os professores e tutores no gerenciamento de conteúdos para seus alunos e na administração do curso, permitindo o acompanhamento constante do progresso dos estudantes.

O Ambiente Virtual de Aprendizagem (AVA) é uma plataforma que reúne, em um só lugar, todas as ferramentas utilizadas durante o ensino à distância, como materiais de estudo (as aulas e bibliotecas virtuais), links para *vídeos e podcasts, chat e fóruns.* Por ser online, ele pode ser acessado de qualquer local, em qualquer horário, basta o usuário digitar o seu *login e senha* para acessar a sua conta própria.

O AVA pode ser classificado em dois critérios: de um lado, os grupos que promovem situações de **colaboração síncrona** e, de outro, os ambientes que permitem **colaboração assíncrona**.

☑ Os **ambientes de colaboração síncronos** são aqueles que permitem que a comunicação entre os participantes ocorra em tempo real. Alguns exemplos desses modelos são as salas de bate-papo, os sistemas de mensagem instantânea, os sistemas de conferência de áudio ou de vídeo.

☑ Os **ambientes de colaboração assíncronos** têm a comunicação da seguinte forma: uma mensagem é enviada em um momento, decodificada em outro, respondida em um terceiro e recebida pelo primeiro emissor em um quarto momento. São exemplos de ambientes assíncronos: os fóruns de discussão, as listas de discussão, os ambientes do tipo *wiki*.

Para que as experiências pedagógicas sejam potencializadas em um AVA, **situações de aprendizagem** que ocorrem em sala de aula também podem ser pensadas para acontecer neste ambiente.

A estrutura para o desenvolvimento de processos cooperativos de aprendizagem é apoiada pelos recursos de *interação e comunicação* do AVA, são eles o *correio eletrônico, fóruns, banco de dados*, *wiki, chats, links*, etc.

Silva (2002) em sua tese de doutorado, intitulada MAEP: um Método Ergopedagógico Interativo de Avaliação para Produtos Informatizados, revela três importantes aspectos em recursos educacionais informatizados:

Ergonômico

Pedagógico

Comunicacional

Aplicando os aspectos do método no *processo de ensino-aprendizagem* em ambientes virtuais temos que: os **aspectos ergonômicos,** tratam da avaliação das *interfaces*, ou seja, saber se é de fácil utilização para o processo de ensino-aprendizagem, se é segura, se é eficaz e se é um ambiente adequado para atingir os objetivos desejados. Os **aspectos pedagógicos** nos quais o ambiente virtual possibilita a comunicação entre *grupos e pessoas,* favorecendo um novo modelo de estrutura educacional *aberta, flexível, interativa e simultânea.* Os **aspectos comunicacionais** que incluem a documentação, material de apoio, navegação, interatividade, grafismo, organização da mensagem, ferramentas de trabalho coletivo e acessibilidade.

Ao analisar os aspectos comunicacionais pontualmente, compreendemos a importância do *design didático* para propiciar um ambiente aberto a descobertas, um ambiente que facilite a integração das TICS e a interação entre os alunos para que, de forma colaborativa, criativa e crítica, façam novas descobertas, modifiquem conceitos, ampliem seus conhecimentos. Por isso, a importância do planejamento do professor, pois é necessário entender que são momentos que precisam estar conectados para fornecer ao aluno uma experiência de aprendizagem integrada.

São vários os Ambientes Virtuais de Aprendizagem (AVA), apresentaremos sucintamente as características básicas do *Google Classroom* e o *Moodle.*

⏭ Sobre o Google Classroom

O Google Classroom é um ambiente virtual que tem como objetivo principal fazer a gestão de materiais e conteúdos dos professores. É gratuito e para ter acesso basta uma conta de e-mail do Gmail. É um recurso do Google Apps para a área de educação, e possui um painel com acesso às funcionalidades de *Mural, Atividades, Pessoas e Notas.*

A vantagem de utilizar o Google Classroom é que todas as atividades estão interligadas com os Apps Google, que facilitam a execução das atividades, como a Agenda Google, que já vincula as atividades e seus prazos, assim o estudante tem todas as tarefas organizadas em um único lugar.

Particularmente, o Google Classroom é uma ferramenta que amplia as possibilidades dos professores, oferecendo benefícios como integrar em aula as ferramentas Documentos, Planilhas, Apresentações, Gmail, Drive e Meet; criar e gerenciar diferentes turmas facilmente. Professores e alunos podem acessá-lo pelo navegador de seu desktop ou pelo aplicativo disponível para Android e iOS, além de poderem compartilhar conteúdos que eles viram na internet e que acharam interessante, como vídeos, imagens, links etc. Tudo isso e muito mais, bastando estar conectado à internet.

O Google Classroom é uma plataforma perfeitamente segura. Nenhum dos dados dos alunos ou conteúdos das aulas são utilizados para fins publicitários. Além disso, os professores têm total controle sobre quem entra e quem sai de suas turmas.

Uma aplicação adequada para o Google Classroom é a sala de aula invertida, que permite a utilização de atividades no ambiente virtual e a realização do aprofundamento com a mediação do professor no ambiente presencial. No entanto, apesar de parecer uma ideia simplista, desafia o professor a implantar novas metodologias e desenvolver a competência digital.

Bergman e Sams (2018), criadores e experientes no formato da sala de aula invertida, orientam que este processo educativo consiste na utilização de ferramentas atuais como áudio, vídeo, internet e outros recursos interativos, mesclando o ensino *presencial* com o *virtual* dentro e fora da escola, favorecendo o empenho e a participação do estudante durante os ensinamentos, o que caracteriza o modelo do ensino híbrido.

De acordo com os autores, "inverter a sala de aula tem mais a ver com certa mentalidade: a de deslocar atenção do professor para o aprendiz e para a aprendizagem". Continuam, ainda: "a inversão da sala de aula estabelece um referencial que oferece aos estudantes uma educação personalizada, ajustada sob medida às suas necessidades individuais". Deixam claro, os estudiosos, que inverter a sala de aula muda o foco do professor como detentor do conhecimento para o aluno protagonista de sua aprendizagem, convertendo-os em "aprendizes autônomos" (BERGMAN E SAMS, 2018).

A sala de aula invertida valoriza o estudo antes da aula, para que, no momento da aula presencial, possa ampliar os conhecimentos adquiridos, esclarecer dúvidas e debater com os seus pares e com o professor o conteúdo abordado.

O objetivo **antes da aula** é desenvolver as habilidades cognitivas dos alunos através de uma revisão ou compreensão de um conteúdo. Já **durante a aula** o objetivo é desenvolver as habilidades cognitivas dos alunos em relação à aplicação do conteúdo, análise, criação, com atividades práticas. Por fim, o objetivo final é que o aluno internalize o conteúdo revisando e compreendendo sua aplicação para soluções de problemas futuros. Além das **habilidades cognitivas**, também há o desenvolvimento das **habilidades socioemocionais.** É uma metodologia que promove o exercício da autonomia, perseverança, autocontrole, comunicação e colaboração.

As aulas planejadas para o modelo de sala de aula invertida envolvem a descoberta e experimentação em casa e, em seguida, os alunos podem levantar mais hipóteses e buscar mais informações na sala de aula ou vice-versa. Aqui o professor pode utilizar vídeoaulas do YouTube, sites, notícias de jornais eletrônicos, jogos digitais, etc., para introduzir um tema, reforçar um conteúdo ou despertar a curiosidade sobre determinado assunto com a turma. Na sala, há uma avaliação sobre esse processo, as informações colhidas e os recursos digitais utilizados. O professor faz uma amarração do assunto e delineia os conceitos junto aos alunos.

Ainda segundo os autores, uma sala de aula que promove um *aprendizado invertido* de verdade inclui os seguintes 4 pilares:

1. **Ambiente Flexível -** no qual o aprendizado permite uma grande variedade de modelos de ensino.

2. **Cultura do Aprendizado** - na qual os estudantes se envolvem ativamente na construção do conhecimento.

3. **Conteúdo Intencional** - o conteúdo deve ser algo que o estudante seja capaz de aplicar na sua vida de alguma forma.

4. **Educadores Profissionais** - o professor tem como papel durante o tempo da aula, observar os estudantes, lhes dando feedback relevante e olhando seu trabalho.

⏭ Sobre o Moodle

O moodle é utilizado, principalmente, em contextos de educação a distância, para disponibilização de cursos a partir da criação de páginas de disciplinas e/ou cursos e comunidades de aprendizagem.

O Moodle possibilita a criação de três papéis importantes:

- ☑ Administrador
- ☑ Professor/tutor
- ☑ Estudante

É um dos AVAs mais populares no mundo todo e o mais utilizado em instituições de ensino, por não exigir grandes investimentos financeiros. É um ambiente que possibilita a customização total da interface com a identificação visual da instituição.

Voltando a sala de aula invertida, a seguir um infográfico com um resumo das ações *antes, durante e depois* da aula para professores e alunos, independente do ambiente virtual de aprendizagem.

SALA DE AULA INVERTIDA

COMO FUNCIONA?

A partir de uma nova proposta metodológica de aprendizagem, o professor faz o papel de mediador, a tecnologia passa a ser incluída no planejamento da aula potencializando a produção do conhecimento dos alunos.

ANTES DA AULA

- Os professores preparam o conteúdo para compartilhar com os alunos via ambiente virtual.
- Os alunos acessam o conteúdo no ambiente virtual de aprendizagem.

DURANTE A AULA

- Após estudar o conteúdo é o momento de esclarecer as dúvidas coletivamente.
- É possível ocorrer presencialmente ou síncronamente.

DEPOIS DA AULA

- O professor deve avaliar e definir se já é possível passar para um novo tópico.
- Os alunos devem rever o conteúdo para verificar a compreensão e fixar o conteúdo.

Figura 21: Infográfico das etapas da sala de aula invertida.

Já que estamos explorando o conceito de híbridismo, penso ser interessante finalizar esta rota incluindo um outro conceito curioso, o **Cibridismo**, você já ouviu?

Cibridismo = Ciber + Hibridismo

É um termo que designa a hibridação entre os mundos *online e offline*, isto é, a interpenetração crescente entre essas duas esferas fazendo com que seja cada vez mais difícil, senão imporssível, existir em apenas uma delas.

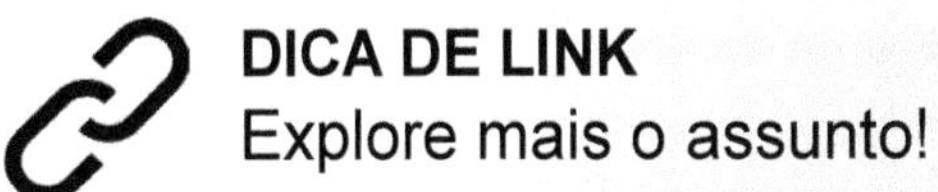

Você pode saber mais sobre o conceito de cibridismo pesquisando no google a frase ***"Cibridismo: ON e OFF LINE ao mesmo tempo"***. A pesquisa apontará para a página da https://www.martha.com.br.

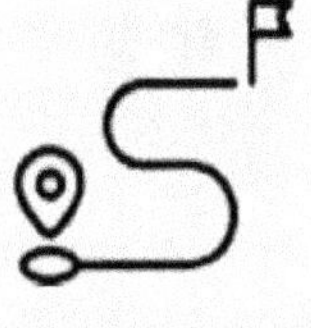

O destaque desta rota foi o ensino híbrido, em especial a sala de aula invertida. De forma breve, foi possível perceber a necessidade de o professor entender um pouco dos elementos que compõem os AVA´s para potencializar o processo de ensino e aprendizagem.

ROTA 3.4
PROFESSORES E O ENSINO HÍBRIDO: DESAFIOS E SOLUÇÕES

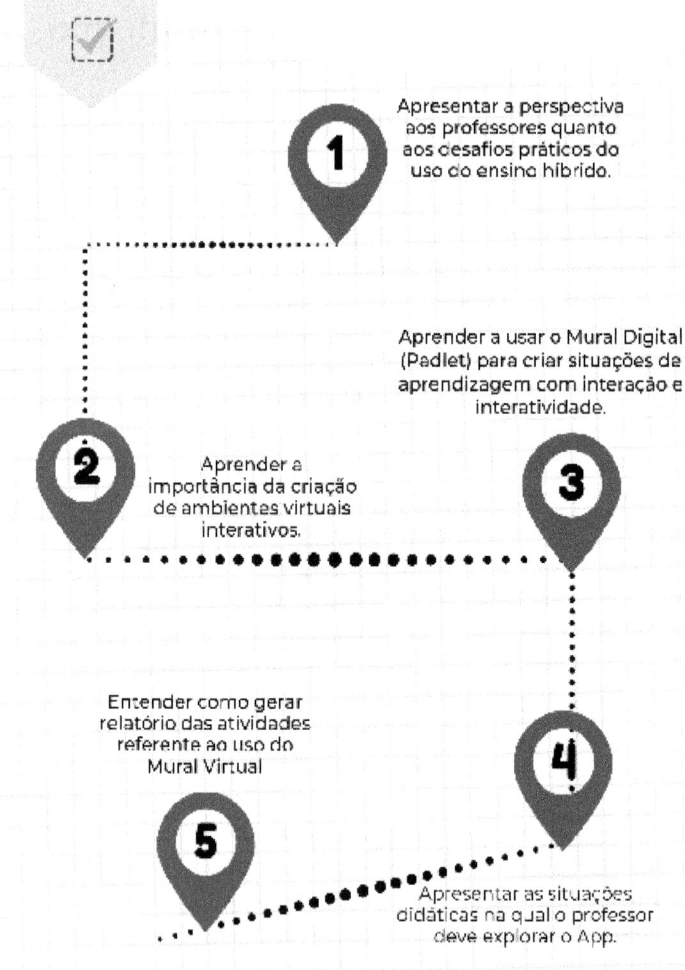

Trabalhar com o ensino híbrido é trabalhar com mudança de cultura!

O conteúdo que será apresentado nesta rota é um recorte de um artigo intitulado "*Relato na perspectiva dos professores quanto aos desafios enfrentados para consolidar o ensino híbrido: experiências e demandas*", que foi publicado no ESUD/CIESUD XVI Congresso Brasileiro de Ensino Superior a Distância. V Congresso Internacional de Educação Superior a Distância. Teresina - Piauí, 2019. O trabalho é fruto de um projeto no qual participei como consultora desde a criação do projeto pedagógico, desenho didático do ambiente virtual à implementação e monitoramento. Escrevo estes detalhes, porque na minha vivência o sucesso está no sincronismo de todos os componentes de uma instituição de ensino. É preciso funcionar como uma orquestra!

Muitos são os desafios encontrados pelos professores na combinação do *ensino* online com o *ensino* presencial, visto que inovar no modelo tradicional exige mais autonomia dos alunos e novas posturas dos docentes.

Nesta rota vamos relatar uma experiência prática do uso do ensino híbrido, ou *blended learning*, com a utilização da Plataforma Moodle na Educação Profissional e Tecnológica, e em seguida apresentar uma ferramenta para a construção de atividades interativas para os momentos assíncronos.

O modelo de ensino híbrido analisado foi a **sala de aula invertida**, e a análise ocorreu na Educação Profissional de Nível Médio, na qual o projeto pedagógico propõe integrar Educação e Tecnologia, fundamentado no modelo pedagógico de Ensino Híbrido, com suas abordagens, tendências e as questões relativas ao uso desse modelo para o processo de ensino-aprendizagem.

Realizou-se uma pesquisa qualitativa na observação do modelo pedagógico implementado, que alicerçaram a sala de aula invertida, ampliando ainda mais a tendência da modalidade híbrida dentro do curso técnico. Na prática, para realizar a pesquisa, selecionamos os professores de todas as disciplinas, e um questionário foi aplicado com perguntas abertas. O propósito foi coletar o máximo de informação possível para verificar a percepção dos professores quanto aos desafios enfrentados no ensino híbrido.

Os professores que participaram da pesquisa possuem formação acadêmica sólida e ampla experiência prática do mundo do trabalho. Também apresentam diversidade no que diz respeito ao perfil dos cursos em que lecionam, tanto em relação a metodologias de ensino quanto a experiência em educação presencial e a distância. É um perfil muito parecido com os professores do ensino superior.

A fim de termos alunos formados como sujeitos críticos e autônomos, partimos da reflexão a respeito do papel do professor e do aluno no processo de *ensinar e aprender*, das abordagens pedagógicas, do material didático e das interações necessárias para conduzir o aluno ao autodesenvolvimento e à aprendizagem colaborativa.

Por se tratar de uma metodologia híbrida, temos que atentar para os aspectos *online e presencial.* Entre eles: o material didático disponibilizado no presencial e online; o alinhamento entre o conteúdo presencial e conteúdo online e as atividades propostas.

Perguntar aos professores quais as dificuldades encontradas nesta nova modalidade de oferta (parte presencial e parte virtual).

Os professores que lecionavam somente na modalidade presencial relataram as mesmas dificuldades dos professores que lecionavam *presencial e online*. No entanto, o diferencial estava na possibilidade do professor/tutor constatar, equacionar e resolver em sala os pontos abaixo relatados.

1. Alunos não estudam o material online e vêm para a aula presencial com a expectativa de aprender todo o conteúdo.
2. Os alunos precisam estudar o material do portal. Fazem perguntas que saberiam responder se tivessem lido o material online.
3. Os alunos não acessam o material disponibilizado no ambiente virtual e chegam às aulas sem nenhum conhecimento do conteúdo que será trabalhado, não chegam com a fundamentação para resolver atividades de aplicação.
4. Alunos que estão há muitos anos sem estudar, acostumados à metodologia tradicional e não sabem estudar sozinhos. Não entendem que o presencial é complementar.

Aqui podemos perceber como o aluno ainda está acostumado a centralizar seu aprendizado no professor.

Note que pela resposta dos professores, o comportamento dos estudantes ainda é contrário ao que os estudiosos Bergman e Sams (2017) dizem: que inverter a sala de aula muda o foco do professor como detentor do conhecimento para o aluno protagonista de sua aprendizagem, convertendo-os em "aprendizes autônomos".

Quais ações poderiam ser tomadas para melhorar o processo de ensino aprendizagem nesta nova modalidade de oferta.

Em relação aos professores que atuam no presencial e online (professor/tutor) suas ações ocorrem baseadas nos relatórios de controle dos alunos extraídos da plataforma, com a cobrança nos momentos presenciais. Já em relação aos professores que somente lecionam no presencial, tivemos as seguintes respostas:

1. O conteúdo online deveria ser dado antes do presencial.

2. O professor presencial deve ser também o professor online da disciplina, pois os alunos alegam que professores diferentes às vezes causam mais dúvidas.

3. Nos primeiros encontros ensinar/explicar/apresentar como seria uma boa dinâmica de estudo/planejamento de estudo integrado com a plataforma.

4. As aulas presenciais poderiam ser após as aulas do ambiente virtual. Passar para os professores as aulas online antes de começar as aulas presenciais para eles fazerem o planejamento.

Aqui notamos as dificuldades dos professores que atuam somente no presencial, que em virtude da falta de maturidade e/ou cultura do aluno para cursar a educação a distância e/ou ensino híbrido. Este resultado vai ao encontro ao que Moran (2015) aponta quando diz que hoje há inúmeros caminhos de aprendizagem pessoais e grupais, que concorrem e interagem simultânea e profundamente com os formais e que questionam a rigidez dos planejamentos pedagógicos das instituições educacionais.

Podemos afirmar que há planejamento e integração dos conteúdos, no entanto, professores que atuam online e presencialmente contribuem mais no processo de ensino e aprendizagem do aluno, visto que o aluno já percorre um caminho individualizado na parte online e contar com um único professor facilita o processo. Tais professores conseguem ser mais flexíveis.

O objetivo de entender as demandas mais cobradas dos alunos durante as aulas presenciais.

No geral, os professores relataram que os alunos não estudam o conteúdo online antes da aula presencial, portanto não conseguem associar teoria e prática, prejudicando seu aprendizado. Outro ponto desafiador é alinhar os alunos que estudam o conteúdo online com os que não estudam.

Notamos que as reclamações são consequências da imaturidade dos alunos com a nova metodologia adotada. Podemos dizer que de acordo com Bergman e Sams (2018) estes alunos precisam se converter a "aprendizes autônomos".

A quarta questão foi solicitar o perfil dos alunos e a sua organização para o estudo, bem como o cumprimento do cronograma das atividades didáticas propostas.

1. Basicamente dois perfis: os que estudam o material online e o presencial ao longo do processo e aqueles que deixam para estudar e fazer as atividades online só no final da disciplina, o que implica diretamente na aprendizagem.

2. Na grande maioria, a organização para os estudos dos nossos alunos é deficiente, seja por motivo de trabalho ou outro, deixando muitas atividades sem fazer o que dificulta a aprendizagem.

3. Sobre o perfil dos alunos, a pesquisa aponta que não estão preparados para a modalidade de ensino híbrido, pois não são organizados e disciplinados para cumprir suas obrigações de estudo. Fazem somente para obter notas e não têm foco no aprendizado.

O resultado corrobora com Horn e Staker (2015) quando dizem que há inovações mais pontuais e inovações mais profundas (disruptivas) que afetam a educação formal em todos os níveis e formas de organizar-se (presencial, blended, distância), trazendo novas configurações híbridas, dinâmicas, integradoras. Com esta questão podemos inferir que as inovações propostas são extremamente desafiadoras, isto porque estamos diante de uma transição inevitável na educação, porém inversa à cultura educacional tradicional. As ideias de Filatro e Cavalcanti (2018) também podem ser aplicadas independentemente do tipo de inovação, já que a barreira está na cultura do estudante.

A última questão foi solicitar sugestões aos professores para melhorar a integração do conteúdo presencial e online.

1. Criar fórum de debates que iniciem durante a aula presencial e sejam finalizados no ambiente virtual.

2. Os professores presencial e online devem falar a mesma linguagem quanto **à** abordagem dos conteúdos.

3. Criar estratégias para que os alunos tenham a percepção que a disciplina envolve tanto os conteúdos das aulas online como das aulas presenciais. Eles não podem querer estudar somente o que é abordado na sala de aula presencial.

As sugestões nos mostram que grande é o desafio para sairmos do ensino tradicional para o ensino híbrido. Horn e Staker (2015) dizem que o ensino híbrido é qualquer programa educacional formal no qual um estudante aprende, pelo menos em parte, por meio do ensino online, com algum elemento de controle do estudante sobre o tempo, o lugar, o caminho e/ou ritmo. Podemos perceber que o terceiro ponto apresentado mostra que a maioria dos alunos desconsidera a parte online.

⏭ E qual foi o resultado da pesquisa?

A pesquisa mostrou que a cultura da educação tradicional se apresenta como grande desafio ao ensino centrado no aluno. Vimos ainda os desafios dos professores quanto à educação híbrida nos cursos técnicos, e como é importante que os professores tenham em mente que organizar as atividades, mostrando caminhos, fazendo questionamentos interessantes e que realmente sejam desafiadores, é parte do processo, mas que a ação do aluno é o que realmente conduzirá o processo. A resistência do aluno não deve ser um fator limitador, mas um desafio ao professor na elaboração de atividades interessantes para que sejam envolvidos (LOPES, 2019).

Outro ponto que vale incluir, aqui já no período de pandemia é a necessidade de investimentos na formação continuada dos professores visando ampliar a competência digital para uso das tecnologias digitais como recursos pedagógicos.

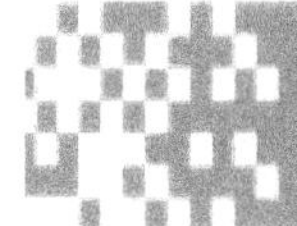

Cultura Digital no Plano de Aula

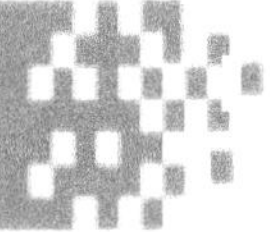

Mural ou jornal sempre foram utilizados para Comunicação Interna ou Externa que, através da tecnologia, se tornou muito mais atrativo, dinâmico e eficaz. Com o avanço das tecnologias o mural digital é a evolução do mural de avisos físicos.

O Mural Digital é uma ferramenta de comunicação que usa de múltiplos recursos com o intuito de transmitir informação, seja com texto, fotos, vídeos, gráficos ou vinhetas. O conteúdo é disponibilizado conforme a necessidade de cada público.

Na educação o uso do mural torna a aprendizagem dos estudantes visíveis a professores, funcionários e familiares. No caso do mural virtual a possibilidade é de ampliar a visualização do resultado obtido através da internet, gerando maior interação e interatividade.

Encontramos os termos interatividade e interação sendo usados como sinônimos, mas também encontramos autores que fazem uso diferenciado. Em nosso estudo usaremos **interatividade** quando a relação for estabelecida entre usuário e a máquina. Já a **interação** (o diálogo entre pessoas) ocorre mediado pelas tecnologias. No entanto, o importante é saber que ambos se relacionam com o processo de ensino e aprendizagem.

ESTRATÉGIA PEDAGÓGICA
Mural Interativo como Recurso Didático

São características pedagógicas do Ensino híbrido o protagonismo e ritmo do aprendiz e o aprofundamento do conhecimento, além da mudança cultural do avaliar (autoavaliação). Ferramentas que permitem interação e interatividade são adequadas para criar situações de aprendizagem e de avaliação.

Utilizaremos o Padlet, uma ferramenta que possibilita a criação de um mural digital, ótimo lugar para reunir ideias e compartilhar uma diversidade de informação.

⏭ Conhecendo a Ferramenta Padlet!

O Padlet é uma aplicação web com acesso gratuito. É uma ferramenta de aprendizagem que permite a criação de um mural ou quadro virtual dinâmico. Com esta ferramenta professores e alunos podem adicionar links, vídeos do YouTube, arquivos e imagens. Um link para um Padlet pode ser compartilhado em sites, ambientes virtuais de aprendizagem, redes sociais, whatsapp etc.

É possível usar em atividades nas aulas síncronas ou assíncronas visando promover engajamento e benefícios para o processo de aprendizagem. Alguns exemplos práticos: possibilita qualquer usuário convidado para participar do mural colar um post, a curtir e deixar um comentário; acompanhar a execução de um projeto; postar mensagens em datas festivas; fazer brainstorm; distribuir tarefas.

SITUAÇÕES DIDÁTICAS
Formas de Aplicação

Ferramenta adequada para criar um espaço para compartilhar qualquer tipo de conteúdo (texto, imagens, vídeo, hiperlinks) com os alunos para aprofundamento de um tema específico, um mural temático.

Facilita a organização de fóruns promovendo a interação e interatividade, além de favorecer o trabalho colaborativo, a troca de conhecimentos e o compartilhamento de ideias.

Para exemplificar, veja o mural temático apresentado abaixo. Note que foi possível postar um artigo, um mapa mental e um vídeo. É possível explorar cada tópico solicitando ações por parte dos alunos, impulsionando a interação e colaboração.

Figura 22: Apresentação de um mural digital temático sobre EAD.

RECURSOS NECESSÁRIOS
Do que você vai precisar?

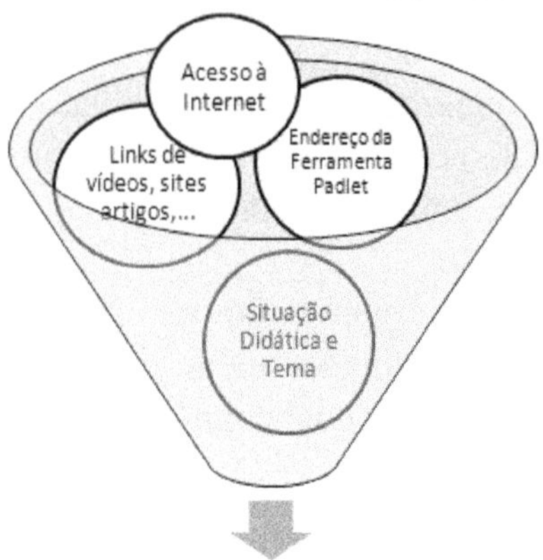

Plano de aula com cultura digital

OBJETIVOS DE APRENDIZAGEM
O que o professor vai aprender?

- ☑ Construir aulas interativas gerando um maior engajamento dos alunos, tanto para aulas síncronas como assíncronas.
- ☑ Como criar um plano de aula que inclua a cultura digital, promovendo interação.
- ☑ Contribuir com a aprendizagem do aluno, ensinando objetivamente um conceito ou conteúdo para o aluno.
- ☑ Promover a interação do aluno com uma variedade de recursos e informações, criando um espaço (mural) temático.
- ☑ Promover a microaprendizagem, oportunizando a aprendizagem móvel.
- ☑ Acompanhamento do processo de aprendizagem do aluno para *feedback coletivo ou personalizado.*

APRENDER: CONECTAR E PRATICAR
Mural Virtual para Interação e Interatividade

Agora que você já entendeu as potencialidades do mural digital como recurso didático aprenderemos como construir e explorar os recursos do Padlet *passo a passo*...

PASSO 1 - PADLET
Conheça a Interface do Padlet!

Aponte para o QR Code e assista ao vídeo tutorial que mostra como fazer o registro para acessar o Padlet, além de apresentar a interface principal.

PASSO 2 - PADLET
Como Publicar um Conteúdo no Mural.

Aponte para o QR Code e assista ao vídeo. Você vai entender como inserir publicação no mural. Aprender a inserir conteúdos como textos, artigos em Pdf, Doc,.. e formatar as publicações.

PASSO 3 - PADLET
Como Publicar um Conteúdo em Vídeo.

Aponte para o QR Code e assista ao vídeo. Aprenda como inserir vídeo no mural e formatar as publicações.

PASSO 4 - PADLET
Configurando o Mural para Interação!

Aponte para o QR Code e assista ao vídeo. Entenda como configurar a ferramenta para habilitar a interação dos alunos. Ao final você será capaz de compartilhar o mural para colaboração e saberá como convidar pessoas para participar do mural.

PASSO 5 - PADLET

Como Gerar Relatórios no Padlet?

Aponte para o QR Code e assista ao vídeo tutorial. Aprenda gerar relatório do Padlet no formato de planilha eletrônica.

Importante! Assista novamente o vídeo caso tenha dúvida e faça testes. Lembre-se: conectar e praticar!

PLANEJANDO A AULA - MÃO NA MASSA

Professor na trilha do ***offline*** para ***online***.

Chegou a hora de construir o plano de aula. Siga as ***etapas*** para o planejamento da sua aula com inclusão de uma cultura digital.

ANTES DA AULA

Etapas para o Planejamento da sua Aula

O que o professor precisa definir *antes* da aula!

❶ Qual o **conteúdo** e **tema** é mais adequado para trabalhar com o recurso de mural virtual/digital? Quais recursos podem fazer parte do mural?

❷ Quais os **Objetivos de Aprendizagem** e o **resultado esperado**?

❸ Quais as **formas de uso do Mural Virtual**? Qual a forma de aplicação, ou seja, a **situação didática**?

As estratégias podem ser: usado para apresentação de trabalho, organização de um projeto, espaço para criação de um fórum temático, tempestade de ideias, estudo de um tema, ...

❹ Qual o **tempo e/ou quantidade de aulas?** Em que momento da aula deve ser usado o recurso?

❺ Qual a **modalidade de ensino** (*presencial, híbrido e remoto) e o* **tipo de comunicação** que será utilizado para a interação *(síncrono ou assíncrono).* **O que é necessário preparar para uso de um Mural virtual?**

☑ **Para Aula Síncrona -** o professor precisará escolher os conteúdos que deseja postar.

Durante a aula, em tempo real, solicitar ao aluno que ***acesse o link*** que será disponibilizado e realize a tarefa.

☑ **Para Aula Assíncrona** - o professor precisará disponibilizar o link do mural para acesso e orientar como o aluno deve realizar a tarefa.

❻ **Acessibilidade** - verifique quais são os recursos necessários para criar uma tarefa acessível.

❼ É necessário **marcar a data limite** para a realização da atividade e definir se será uma atividade **avaliativa** e o **seu valor.**

DURANTE A AULA
Roteiro de Execução da aula - Orientações

O que o professor precisa para auxiliá-lo *durante* a aula!

⏭ Pontos que o professor precisa apontar para o aluno no momento da aula.

⏭ O aluno precisa saber como funciona um mural digital e quais as ações precisa realizar.

⏭ Onde ficará disponibilizado o link do mural para acesso.

FINAL DA AULA
Registros

O que o professor precisa registrar ao *final* da aula!

⏭ **Registro de Acompanhamento dos alunos**

- ☑ Observações pessoais em relação à interação dos alunos na aula.

- ☑ Gerar o relatório das interações no mural para Feedback individual ou coletivo.

⏭ **Informações Finais** - anotações das percepções do professor após a aula **e** ideias de melhorias.

Pronto! Agora é a sua vez.

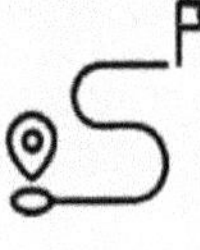

Nesta rota a ênfase foi dada aos desafios dos professores em relação à prática do ensino híbrido. Uma solução adequada é o uso de recursos didáticos que promovem interação e interatividade, para isso, um passo a passo para criação de um mural digital foi apresentado. É só praticar!

ROTA 3.5
ENSINO HÍBRIDO: AVALIAÇÃO SÍNCRONA E ASSÍNCRONA

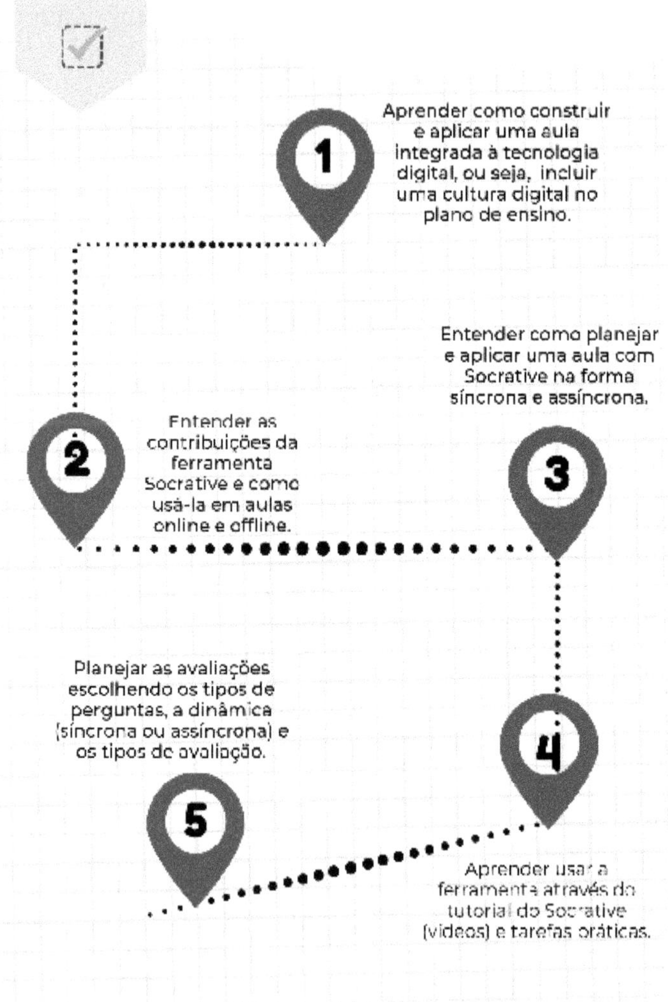

Questões como saber se o aluno aprendeu ou não aprendeu, se atingiram sucesso em relação aos objetivos de aprendizagem, sempre fizeram parte do contexto educacional. O que vamos incluir é como construir uma avaliação para o processo de ensino e aprendizagem interativo baseado na internet?

Avaliação no ambiente digital pode ocorrer de forma Síncrona e Assíncrona de acordo com a intencionalidade planejada. As modalidades de avaliação devem se concentrar na nova relação entre o **professor, o aluno e o conhecimento.** O aluno como construtor do seu conhecimento, mas com a intervenção do professor que, por meio da mediação, estimula e propicia condições para que o aluno elabore ou aperfeiçoe seu conhecimento. A avaliação deve perder o caráter punitivo ou classificatório, denotando que o professor é parceiro do aluno no ato de avaliar.

É papel do professor traçar esse caminho para o aluno. Os processos avaliativos envolvem atividades como a participação em aulas, trabalhos em grupo, trabalhos em pares, rubricas de observação, projetos e outros.

Para Perrenoud (2000), as funções da avaliação, na prática, são duas: **diagnóstica e a classificatória.**

☑ A **primeira** permite ao professor e ao aluno detectarem os pontos de maiores dificuldades desse aluno e extraírem as consequências que sejam pertinentes.

☑ A **segunda**, a avaliação classificatória, tem por efeito hierarquizar e classificar os alunos.

Sendo assim, o **processo avaliativo** assume uma dupla ação: por um lado, impulsiona a aprendizagem do aluno; por outro, promove a melhoria do ensino. Vista sob essa ótica, a avaliação deve constituir um processo constante de reflexão, por parte do docente, ao longo do processo de ensino e de aprendizagem.

Cultura Digital no Plano de Aula

Em **ambientes presenciais** a avaliação já faz parte da rotina do professor. Já em **ambiente virtuais** a avaliação da aprendizagem deve ser definida no planejamento com o padrão esperado de resposta e os valores para orientar o aluno.

Caso seja um Fórum Temático, o professor deve definir o que será valorado para o aluno, por exemplo, a coerência com os teóricos estudados, a participação do aluno nas interações dos colegas. O fato de ser possível monitorar este processo através de ferramentas e técnicas é que garante a análise desse processo, para então, caso seja necessário, tomar decisões.

A comunicação dos resultados é importante e a devolutiva pode ocorrer de forma individual ou coletiva, além de possibilitar intervenções de acordo com o resultado. Enfim, é possível uma regulação no processo de aprendizagem.

ESTRATÉGIA PEDAGÓGICA
Processo de Avaliação

A **avaliação** em ambientes virtuais de aprendizagem pode considerar *ações de interação e colaboração* entre alunos ou grupos de alunos. Os recursos como Fórum, Chat, Wiki, Tarefas Colaborativas e Quiz podem ser estratégias digitais para construir uma avaliação na qual o processo de ensino-aprendizagem interativo é baseado na internet.

Há uma lista de ferramentas para avaliação *online* que estão disponíveis gratuitamente para educadores. O aplicativo que será apresentado é o Socrative.

⏭ Conhecendo a Ferramenta Socrative

O Socrative é um aplicativo indicado para qualquer modalidade de ensino (EAD, Híbrido e Remoto), laboratórios de informática, Workshops, Palestras.

É uma **ferramenta para construção de perguntas**, sendo indicada para qualquer situação que exija *interação*. É uma ferramenta que tem a vantagem de potencializar o trabalho do professor, principalmente em relação à personalização do ensino.

Possui uma *versão gratuita* que permite professores e alunos acessarem a diversas funcionalidades. Os acessos podem ocorrer pelo *Smartphone, Tablet, Laptop* e *Computador*, desde que tenha acesso à internet, pois só pode ser utilizado online.

⏭ Pontos de Atenção

1. Esta é a **Logomarca** do Socrative.

2. É necessário um ***Login e Senha*** criados pelo professor.

3. **Como e Onde** Funciona o Socrative?
   Existe a ferramenta para **professor** e para **aluno.** O professor instala o Socrative TEACHER e os alunos instalam o Socrative STUDENT.

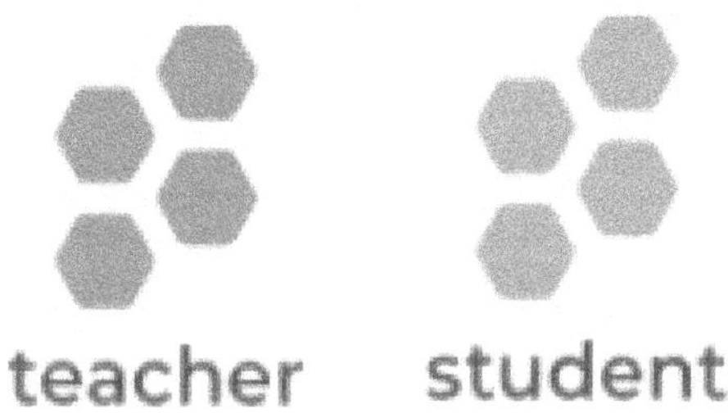

4. Coisas que o professor precisa aprender sobre o Socrative:

- ☑ Entender as vantagens do uso da ferramenta Socrative no **controle** do desempenho do aluno.
- ☑ Aprender porque a ferramenta Socrative é **adequada** ao processo de ensino e aprendizagem.
- ☑ Entender por que a ferramenta socrative **potencializa** o trabalho do professor.
- ☑ Entender por que é uma ferramenta **indicada** para professores que trabalham com o Ensino Online.

Vamos analisar duas questões, são elas:

☑ Por que a ferramenta Socrative potencializa o trabalho do professor?

☑ Por que é uma ferramenta indicada para professores que trabalham com o ensino online?

Com um diagnóstico imediato, o professor não precisa aguardar resultados da correção de provas, trabalhos ou tarefas para acompanhar o desempenho dos seus alunos, pois a ferramenta oferecerá este diagnóstico imediatamente, o que permite a intervenção mais precisa e imediata do professor sobre a aprendizagem dos alunos.

O professor pode monitorar através do relatório as questões em que eles apresentaram o maior número de erros, e com isso tem-se a oportunidade para fazer questionamentos a fim de suprimir as suas dúvidas.

Com as informações obtidas, o professor poderá rever seus encaminhamentos metodológicos, propondo novas atividades diferenciadas ou outras estratégias de ensino para que ocorra a aprendizagem.

Os dados gerados pela plataforma podem ser exportados para uma planilha, salvos individualmente em arquivos PDF e/ou enviados por e-mail, permitindo ao professor fazer um relatório das suas turmas com dados estatísticos acerca da aprendizagem dos alunos e compartilhar o desempenho deles com diretores, pedagogos e pais.

Por que o Socrative é uma ferramenta indicada para um Professor Digital?

A aplicação apresenta um conjunto diversificado de funcionalidades que facilitam a mediação e a aferição das aprendizagens, pois permite aos alunos obter um feedback sobre as suas participações. Sustenta a interação entre os alunos e o professor, apresentando uma dinâmica comunicacional e interativa, contribuindo para a construção de conhecimento.

Utilizado para engajar os alunos para as "corridas" de resposta entre os alunos ou grupos de alunos através dos seus dispositivos móveis (smartphone ou tablet).

Em resumo, o Socrative é adequado ao ensino online devido ao grande potencial de:

☑ Proporcionar a interação entre aluno e conteúdo, proporcionando a ele um papel ativo na construção de conhecimento.

☑ Potencializar o trabalho colaborativo entre alunos, motivando-os em ambiente educativo.

☑ Promover práticas de educação a distância com novas metodologias, sendo possível receber feedback em tempo real da aprendizagem do aluno.

☑ Promover novas metodologias como o mobile learning.

☑ Possibilitar a criação de diferentes ambientes de aprendizagem (síncronos ou assíncronos, e presenciais ou a distância).

☑ Possibilitar medir o nível de compreensão dos alunos sobre um determinado assunto, através do uso de questionários (preparação de testes, quizzes, etc.)

O aplicativo Socrative é adequado para o **processo de ensino e aprendizagem**. Esta ferramenta mostra como o docente deve conciliar métodos tradicionais de ensino com a tecnologia, para atender as demandas contemporâneas. O aluno hoje tem acesso rápido às informações, pois o conhecimento é de fácil acesso, porém o professor sempre terá o papel de orientar o estudante para a retenção do que realmente é útil e a melhor maneira de utilizá-lo.

Precisamos estar sempre dispostos a receber inovações pedagógicas e tecnológicas, pois o maior termômetro da eficácia das nossas aulas é o *sucesso do aluno.*

RECURSOS NECESSÁRIOS
Do que você vai precisar?

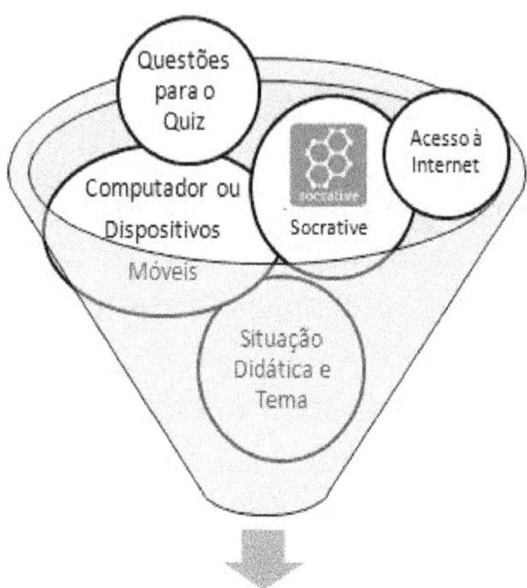

Plano de aula com cultura digital

OBJETIVOS DE APRENDIZAGEM
O que o professor vai aprender?

Por que a ferramenta Socrative potencializa o trabalho do professor? Sabemos que é papel do professor acompanhar o desempenho dos seus alunos e para isso várias estratégias podem ser utilizadas. Por exemplo, o professor pode propor exercícios para levantamento prévio do conhecimento do aluno sobre o conteúdo.

Geralmente funciona assim: os professores elaboram questões objetivas e/ou subjetivas. As informações são analisadas pelo professor após a correção das tarefas e ele estabelece um *diagnóstico* da aprendizagem de seus alunos.

Aparentemente não há problemas. No entanto, para analisar as informações minuciosamente é necessário **tempo do professor** e **poder de síntese**. Imagine fazer esta análise em várias turmas com vários alunos? É aí que entra a Ferramenta Socrative.

Com o aplicativo, o professor pode automatizar três tipos de questões: *questões de múltipla escolha; verdadeiro ou falso e respostas curtas,* e pode aplicá-las de forma *Síncrona e Assíncrona.* No caso síncrono, o *professor* pode verificar em tempo real quais questões estão sendo respondidas correta ou incorretamente. Com isso, além do relatório gerado para o professor, é possível uma intervenção personalizada.

As *informações geradas* ajudarão o professor:

- ☑ No acompanhamento do processo de ensino e aprendizagem em sua aula.
- ☑ Estabelecer um diagnóstico em tempo real e/ou revisão do conteúdo da aprendizagem de seus alunos.
- ☑ Com as informações obtidas, o professor poderá rever seus encaminhamentos metodológicos, propondo novas atividades diferenciadas ou outras estratégias de ensino para que ocorra a aprendizagem.
- ☑ Permite dinamizar as atividades em aula promovendo engajamento eficaz e avaliações dinâmicas. (software de avaliação interativa, dinamização da aula através do retorno online).
- ☑ O professor pode utilizar o Socrative para aplicação de Metodologias Ativas de Ensino devido à sua natureza interativa.

☑ Possibilidade de avaliação diagnóstica, permitindo a revisão dos métodos de ensino através do controle dos resultados com percentual de acertos e de erros, com relatórios em PDF e Excel.

A seguir vamos aprender a usar uma ferramenta que pode ser utilizada em várias situações para ensino e aprendizagem.

APRENDER: CONECTAR E PRATICAR
Aplicativo Socrative

Vamos iniciar uma jornada de exploração do aplicativo *Socrative*. Inicialmente assista o vídeo indicado na ***Trilha 1 - Socrative,*** e em seguida veja na figura 13 o percurso que você irá trilhar. Sucesso em sua jornada!

TRILHA 1 - SOCRATIVE
O que você precisa saber já!

Acesse o QR Code ao lado e assista um **resumo geral,** considerações importantes sobre o Socrative.

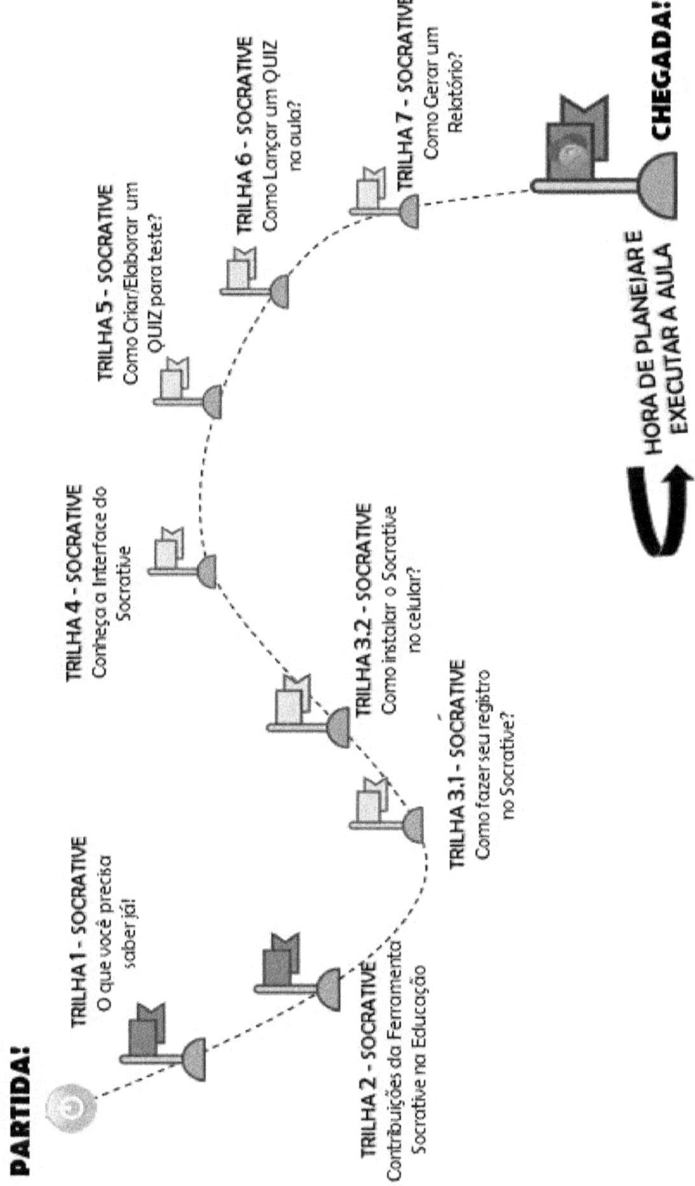

Figura 23: Trilha de Aprendizagem do App Socrative

TRILHA 2 - SOCRATIVE

Contribuições da Ferramenta Socrative

Acesse o QR Code e ouça o Podcast sobre as contribuições da ferramenta Socrative na educação. Por que é uma ferramenta indicada para Professores que desejam trabalhar com o Ensino Online.

TRILHA 3.1 - SOCRATIVE

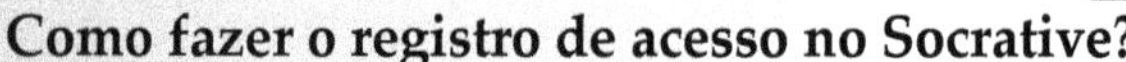

Como fazer o registro de acesso no Socrative?

Acesse o QR Code abaixo e assista ao **vídeo** com as orientações necessárias para acessar e realizar o registro no Socrative.

Observe que a *Trilha 3* é dividida em **Trilha 3.1 e Trilha 3.2.**

A *Trilha 3.1* mostra mo acessar o aplicativo pelo computador. Já o *Trilha 3.2* mostra como realizar o acesso/instalação pelo celular.

Mão na Massa! Hora de Praticar!

- ☑ Acesse o site e faça seu registro. Em seguida, acesse o ambiente pelo LOGIN DO PROFESSOR.
- ☑ Lembrando que você precisa de saber: o endereço do site (socrative.com, e-mail e senha).

TRILHA 3.2 - SOCRATIVE
Como instalar o Socrative no celular?

Ao acessar o QR Code ao lado, você verá um breve tutorial para instalação dos aplicativos (Apps) **Socrative Professor** e **Socrative Aluno** no celular.

Ao final da ***Trilha*** *3* você vai ser capaz de:

- ☑ Aprender **a acessar o ambiente como professor e como aluno.**
- ☑ Entender os **planos de acesso da ferramenta** desde a versão gratuita até a paga.
- ☑ Visualizar **como instalar e acessar** no celular a ferramenta Professor e a ferramenta Estudante.

TRILHA 4 - SOCRATIVE
Conheça a Interface do Socrative

Acesse o QR Code ao lado e assista o vídeo tutorial d**a** **a**presentação da **Interface Principal** da ferramenta.

Ao final da *Trilha 4* você vai ser capaz

- ☑ Apresentar a **interface principal** (tela principal).
- ☑ Entender que através desta tela principal você terá acesso a todos os **recursos da ferramenta**.

TRILHA 5 - SOCRATIVE
Como Criar um Quiz para Teste?

Acesse o QR Code ao lado e assista o vídeo tutorial de como elaborar e gerar um quiz (também conhecido como teste ou questionário). Você aprenderá que é possível **compartilhar, baixar ou imprimir** seu teste.

Ao final da *Trilha 5* você vai ser capaz de:

- ☑ Aprender como **criar** os testes.
- ☑ Entender que os testes podem ser aplicados de forma **assíncrona ou síncrona.**
- ☑ Conhecer os **tipos de perguntas** que você vai poder utilizar no seu teste.

TRILHA 6 - SOCRATIVE
Como Lançar um Quiz?

Acesse o QR Code ao lado e assista o vídeo tutorial de **como fazer o lançamento do questionário para o aluno realizar.**

Ao final do *Trilha 6* você vai ser capaz de:

- ☑ A**presentar o teste** para os alunos, o chamado lançamento.
- ☑ **Lançar o teste** para os alunos.
- ☑ Entender como é o lançamento na **visão do professor.**
- ☑ Entender como é o lançamento na **visão do aluno.**

Mão na Massa! Hora de Praticar!

- ☑ Faça o lançamento do questionário que você construiu no vídeo anterior com o acesso do LOGIN DO PROFESSOR
- ☑ Em outra guia, acesse o LOGIN DO ALUNO e preencha o questionário (faça papel de aluno, por exemplo).

TRILHA 7 - SOCRATIVE
Como Gerar um Relatório?

Acesse o QR Code ao lado e assista o vídeo tutorial de como explorar o relatório da avaliação aplicada.

Ao final da *Trilha 7* você vai ser capaz de:

- ☑ Explorar o relatório gerado a partir do lançamento do teste.
- ☑ Aprender a gerar o relatório em PDF no Excel e até mesmo enviar para o e-mail.

Mão na Massa! Hora de Praticar!

- ☑ Acesse sua sala virtual para abrir o relatório que já está criado.
- ☑ Baixe o relatório do Excel e em seguida o arquivo em PDF.

Lembrando!

Os PROFESSORES podem criar salas de aula virtuais gratuitamente para acesso de modo interativo e simultâneo para até 50 pessoas conectadas ao mesmo tempo. O ALUNO o acessar a sala de aula virtual do Socrative com o NOME DA SALA encaminhado pelo professor.

PLANEJANDO A AULA - MÃO NA MASSA
Professor na trilha do offline para online.

O trajeto para a construção da aula utilizando o Socrative envolve três etapas:

⏭ **Etapa 1 - Ponto de Partida**
⏭ **Etapa 2 - Roteiro do Percurso**
⏭ **Etapa 3 - Roteiro do Educador**

ETAPA 1 - ANTES DA AULA
Etapas para o Planejamento da sua Aula

❶ Escolher o conteúdo da aula que será aplicada com a ferramenta Socrative.

Definir qual conteúdo da sua disciplina (capítulos de livro, estudo de caso, vídeo, áudio, pesquisa, apresentação slides,) será avaliado com o uso do Socrative.

Depois de escolhido, é hora de preparar as questões para aplicação. Veja a seguir os tipos de perguntas que você pode usar!

❷ Principais **tipos de perguntas** para questionário.

☑ MÚLTIPLA ESCOLHA - Um formato versátil que permite que o respondente escolha uma ou mais opções dentre uma lista.

☑ DICOTÔMICAS - Uma pergunta que só tem duas opções de resposta, que geralmente são "sim/não", "verdadeiro/falso" ou "concordo/discordo".

☑ PERGUNTAS ABERTAS - As perguntas de respostas abertas têm natureza exploratória, já que permitem que o respondente dê sua opinião sem induzir sua resposta com opções pré-estabelecidas.

☑ PERGUNTAS RU (RESPOSTA ÚNICA) - Perguntas nas quais apenas um tipo de resposta pode ser escolhido.

❸ **Identificação** do objetivo do questionário.

☑ Aplicação de diagnóstico
☑ Revisão
☑ Interação e competição na aula
☑ Avaliação da aprendizagem

❹ **Modalidade de ensino** para aplicar questionário.

O professor deve escolher a modalidade de ensino e a estratégia de aplicação do questionário: ensino presencial; ensino híbrido e ensino remoto.

❺ **Tipos de comunicação: síncrona ou assíncrona.**

O professor deve definir se a aplicação do questionário será realizada através de:

☑ **Comunicação Assíncrona** - Aplicada sem a presença do professor e sua realização ocorre dentro de um prazo. Geralmente o aluno escolhe o momento de realizar o questionário. Aqui ocorre a interatividade entre o aluno e o ambiente.

☑ **Comunicação Síncrona** - Aplicada em tempo real com o professor. Geralmente ocorre em tempo real e promove a interação.

Escolha uma das dinâmicas para sua aula.

SÍNCRONO	**DINÂMICA 1:** O professor apresenta o conteúdo em tempo real, e em seguida lança as perguntas para o fechamento do conteúdo da aula.
	DINÂMICA 2: Disponibilizar o material para o aluno estudar com antecedência, e promover uma avaliação, lançando as perguntas em tempo real no início da aula.

ASSÍNCRONO	**DINÂMICA 3:** O professor pode apresentar um conteúdo, e em seguida lançar/ disponibilizar perguntas, para que, no prazo estabelecido o aluno cumpra a tarefa.
	DINÂMICA 4: Disponibilizar um questionário, com prazo definido, para fazer um levantamento, ou seja, um diagnóstico inicial de um conhecimento específico antes da abordagem de um conteúdo.

CHECKLIST PASSO 1
Aponte para o QR Code e baixe o arquivo

Acesse o QR Code ao lado e baixe o arquivo. Preencha a tabela de acordo com o objetivo do questionário que você deseja aplicar na sua aula com Socrative. A organização é importante!

Outra definição importante é sobre o **tipo de avaliação**, que pode ser ***diagnóstica, formativa ou somativa***. Observe na tabela abaixo as características de cada uma delas.

APLICAÇÃO 1	**Avaliação Diagnóstica**	É adequada para avaliar conhecimento prévio de um determinado conteúdo. ◎ Dúvidas? Acesse novamente os vídeo tutorial das TRILHAS 5, 6 e 7.
APLICAÇÃO 2	**Avaliação Fomativa* ou Avaliação Somativa****	É utilizada para avaliar um conteúdo abordado pelo educador. * A **avaliação formativa** é adequada para avaliar continuamente e assim acompanhar a aprendizagem. ** A **avaliação somativa** é adequada para avaliar a aprendizagem do aluno ao final de um conteúdo. ◎ Dúvidas? Acesse novamente os vídeo tutorial das TRILHAS 5, 6 e 7.
APLICAÇÃO 3	**Trabalho em Grupo ou Competições**	Indicada para trabalho em grupo com ranking criando uma dinâmica de competição. ◎ Dúvidas? Acesse novamente os vídeo tutorial da TRILHA 7.

Tabela 10: Tipos de Avaliação para aplicar em aula.

CHECKLIST PASSO 2
Aponte para o QR Code e baixe o arquivo

Escolhido o **tipo de avaliação** baixe o arquivo do checklist PASSO 2 acessando o QR Code ao lado. É um roteiro básico para orientá-lo antes, durante e depois da aula.

⏭ Preparação da Aula para APLICAÇÃO 1, 2 ou 3.

As aplicações podem ser trabalhadas com qualquer uma das 4 (quatro) dinâmicas apresentadas.

- ☑ O educador deve preparar as questões que serão utilizadas para a avaliação (definir os pontos abordados no *checklist planejamento da PASSO 1*).
- ☑ Realizar o cadastro das questões no SOCRATIVE.
- ☑ Disponibilizar conteúdo (material) no ambiente virtual.
- ☑ Disponibilizar material e uma breve orientação com explicação para acesso no ambiente, seja ele no AVA, Whatsapp, Redes Sociais ou e-mail.

"Caro aluno, na próxima aula vamos.... Você deve se preparar para acessar através do Computador, Celular ou Tablet. Enfim, Orientações de acesso e link.............."

⏭ Preparação da Aula somente para APLICAÇÃO 3_

- ☑ Definir a formação dos grupos no SOCRATIVE.
- ☑ Promover uma competição entre os grupos através da interação em tempo real.
- ☑ Definir normas para a competição.
- ☑ Utilizar a aplicação para correção de uma atividade, que pode ter sido realizada antes e/ou durante a aula. (Estudo de Caso, Vídeo, Capítulo de livro...). Maior nível de interação e interatividade.

ETAPA 2 - DURANTE A AULA
Roteiro de Execução da aula - Orientações

É literalmente o roteiro da chegada! Nesta etapa o foco principal é a apresentação de um roteiro de aula base a ser executada pelo educador, podendo ser aplicada nas modalidades de ensino Presencial, Híbrida ou Remota.

⏭ O que o aluno precisa saber!

- ☑ Informar sobre qual **conteúdo** será o questionário.
- ☑ Explicar o **objetivo da avaliação: diagnóstica, formativa ou somativa.**
- ☑ É importante **explicar** como será aplicado o questionário (síncrono ou assíncrono).
- ☑ Definir o **tempo** do questionário de acordo com o formato que será aplicado.
- ☑ Caso seja avaliativo, o aluno precisa ser informado da **pontuação.**
- ☑ É importante que o aluno tenha **Feedback** sobre a avaliação realizada.

☑ Finalizar a aula **sempre** com novas orientações.
☑ Avisar no **Fórum de Discussão** da aula sobre o assunto abordado (se houver)

DICA: Tenha SEMPRE um **roteiro em mãos com os pontos necessários** para orientar os alunos.

⏭ Exemplo de execução de uma aula na prática

☑ Resgatar os pontos já tratados em aulas anteriores que sejam relevantes. Reforçar o conteúdo da aula.
☑ Se possível, inclua um vídeo de no máximo 20 minutos. Funciona como o primeiro indutor de estudo do conteúdo.

Chegou a hora de apresentar como será o processo avaliativo do conteúdo para o aluno, e determinar o tempo para acesso e realização.

⏭ Explique mais detalhes do Quiz: pontos importantes

☑ Informar como será o questionário: perguntas de múltipla escolha, dicotômicas, perguntas abertas ou perguntas RU (Resposta Única).
☑ Informar qual o objetivo do questionário: se é um quiz para aplicação de diagnóstico; para revisão; para promover interação na aula; para avaliação da aprendizagem.
☑ Informar qual a estratégia de aplicação: online ou offline.
☑ Informar como será feito o feedback.

DICA: Utilize um roteiro com as informações do checklist PASSO 1 e PASSO 2.

Chegou a **hora de lançar o questionário**, ou seja, o quiz para os alunos! Dúvidas? consulte a Trilha 6 e 7.

FINAL DA AULA
Registros

O que o professor precisa registrar ao *<u>final</u>* da aula!

⏭ **Registro de Acompanhamento dos alunos**

- ☑ Observações pessoais em relação à interação dos alunos na aula.
- ☑ Abrir um **Fórum de Discussão** para que o aluno possa tirar dúvidas da aula, além de promover a interação coletiva assíncrona e síncrona.
- ☑ **Feedback** (análise do professor) - Através deste feedback o professor verifica se é necessário ajustar o seu planejamento.

⏭ **Informações Finais**

- ☑ O que devo fazer para complementar ou melhorar o aprendizado do aluno?
- ☑ Analisar, através do relatório, as questões que tiveram o maior número de erros e trabalhar com o conteúdo.
- ☑ Dar feedback das atividades realizadas pelos alunos.

Pronto! Agora é a sua vez.

Mais Dicas...

Você pode criar atividade de formação!

O questionário pode ser referentes a conteúdos teóricos, estudo dirigido, vídeos ou outra atividade para compreensão de conceitos e sua aplicação. Essas atividades podem ser individuais ou realizadas em grupos.

Experimente unir os dois aplicativos Padlet e Socrative e promova uma experiência de aprendizagem com mediação tecnológica.

Chegamos ao final! Não deixe de registrar as novas ideias que surgiram no decorrer da aula.

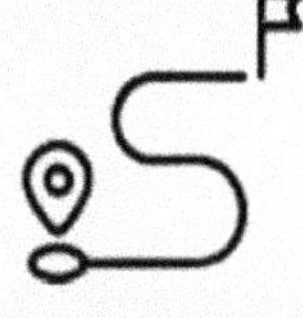

Esta foi uma rota voltada ao processo de avaliação, seja ele síncrono ou assíncrono. Além de apresentar os tipos de avaliação, também apresentamos as dinâmicas que podem ser utilizadas nas aulas online ou offline. Como tecnologia mediadora, exploramos os recursos do aplicativo Socrative.

CONSIDERAÇÕES FINAIS

Espera-se que o conteúdo do livro e a forma como foi apresentado tenham contribuído para a construção do seu conhecimento teórico e prático acerca das demandas da educação no universo digital, elevando sua competência digital e que tenha potencializado seus saberes para a criação de aulas mais interativas e mediadas pelas tecnologias.

A escolha por um livro interativo deve-se ao fato de acreditar que uma experiência prática autônoma cria uma vivência dicotômica de professor/aprendiz e online/offline, e é a consciência dessas perspectivas que irá auxiliá-lo a trilhar o caminho do professor para o Professor Digital.

A expectativa é que as trilhas, com suas respectivas rotas, tenham descortinado o mundo digital para você. Que a trilha 1 tenha ampliado sua cultura digital e a trilha 2 tenha posicionado você na rota para o professor digital. Por fim, que a trilha 3 o tenha impulsionado a elevar a qualidade de suas aulas.

A seguir deixo QR Codes com meus contatos. Tenho certeza que se você está lendo isso é porque agora não é mais nenhuma novidade, nem para usar, nem para aplicar e muito menos para criar. Parabéns!!!

CONTATOS DA AUTORA: QR CODE

QR Code - GRUPO WHATSAPP
"Destravar do Professor Digital"

QR Code - INSTAGRAM AUTORA
@profa.claudiamigo

CONVITE!
Participe da Comunidade Virtual

Help TRAVEi para Educadores
é um espaço onde os leitores deste livro poderão interagir uns com os outros, a fim de compartilhar informações e trocar experiências.

Um amigo virtual para sua jornada digital!

REFERÊNCIAS

BACICH, L.; NETO, Adolfo Tanzi; TREVISANI, Fernando de Mello. **Ensino híbrido:** personalização e tecnologia na educação/ Organizadores, Lilian Bacich, Adolfo Tanzi Neto, Fernando de Mello Trevisani. - Porto Alegre: Penso, p. 4, 2015.

BACICH, L.; MORAN, J. **Aprender e ensinar com foco na educação híbrida.** Revista Pátio, nº 25, junho, 2015, p. 45-47. Disponível em: http://www.grupoa.com.br/revistapatio/artigo/11551/aprender-e-ensinar-com-foco-na-educacao-hibrida.aspx. Acesso em: 22 jul. 2019.

BACICH, L; MORAN, J. **Metodologias ativas para uma educação inovadora:** Uma Abordagem Teórico-Prática. Penso Editora, 2018.

BARBOSA, E. F; MOURA, D. G. de. **Metodologias ativas de aprendizagem na Educação Profissional e Tecnológica.** Tec. Senac, Rio de Janeiro, v. 39, n.2, p.48-67, maio/ago. 2013. https://edisciplinas.usp.br/pluginfile.php/4514573/mod_folder/content/0/Metodologias%20ativas%20de%20aprendizagem%20na%20educa%C3%A7%C3%A3o%20profissional%20e%20tecnol%C3%B3gica.pdf?forcedownload=1 Acesso em: 22 jul. 2019.

BATES, Tony. **Educar na era digital [livro eletrônico]:** design, ensino e aprendizagem / A. W. (Tony) Bates ; [tradução João Mattar]. -- 1. ed. -- São Paulo : Artesanato Educacional, 2017. -- (Coleção tecnologia educacional ; 8) 12.356 Kb ; PDF

BELLONI, Maria Luiza. **Educação a Distância.** Ed. Autores Associados, p. 32, 2009.

BEHAR, Patricia Alejandra(Org.). **Competências em Educação a Distância.** Porto Alegre: Penso, 2013.

BERGMANN, T.; SANS, A. **Sala de aula invertida:** uma metodologia ativa de aprendizagem. tradução Afonso Celso da Cunha Serra. - 1. ed. - Rio de Janeiro: LTC, p. 6-10, 2018. ePUB.

BESSANT, John; TIDD, Joe. **Inovação e empreendedorismo.** Porto Alegre: Bookman, 2009.

CALVANI A.; FINI, A.; RANIERI, M. **Assessing Digital Competence in Secondary Education**. Issues, Models and Instruments. In: LEANING, M. (ed.). Issues in information and media literacy: education, practice and pedagogy. Santa Rosa, California: Informing Science Press, p. 153-172, 2009.

CAMARGO, Fausto; DAROS, Thuinie. **A sala de aula inovadora: estratégias pedagógicas para fomentar o aprendizado ativo.** Porto Alegre: Penso, 2018.

CAMARGO, Fausto; DAROS, Thuinie. **A sala de aula digital:** estratégias pedagógicas para fomentar o aprendizado ativo, online e híbrido. - Porto Alegre: Penso, p. 7, 2021.

CAPRON, H.L.; Johnson, J.A. **Introdução à Informática.** São Paulo: Pearson Prentice Hall, 2004.

CASTELLAR, Sonia Maria Vanzella; MORAES, Jerusa Vilhena de. **Metodologias ativas para o ensino de Geografia:** um estudo centrado em jogos. Revista Electrónica de Enseñanza de las Ciencias Vol. 17, Nº 2, 422-436, 2018.

CASTELLS, M. **A sociedade em rede.** 8. ed. São Paulo: Paz & Terra, 1999. v. 1.

CHINELLATO. Tiago Giorgetti; ZAMPIERI, Maria Teresa. **A potencialidade do Google Drive na resolução de atividades de lógica.** Actas del VII CIBEM, p. 8150- 8155, 2013.

CHURCHES, Andrew. **Taxonomia de Bloom para a era digital.** Eduteka. Recuperado 11 (2009). Disponível em: http://eduteka.icesi.edu.co/articulos/TaxonomiaBloomDigital Acesso em: 20-Jun-2019.

CONFORTO, D.; VIEIRA, M. C. **Tecnologias móveis:** smartphones, Wi-Fi, QR Codes na produção de material pedagógico. XIII Congresso Internacional de Tecnologia na Educação. https://bit.ly/3gKRS4E. Acesso em 31 de ago 2021.

COSTA, Júlio Resende. **Ferramentas de Escrita Colaborativa da Web 2.0 e Mediação Pedagógica por Computador:** Construção e Ressignificação do Conhecimento on-line. SIED – Simpósio Internacional de Educação a Distância, EnPED – Encontro de Pesquisadores em Educação a Distância. p. 1-12, 2012.

DELORS, Jacques. **A Educação para o Século XXI:** questões e perspectivas. Porto Alegre: Penso, 2005.

DORODCHI, Mohsen; DEHBOZORGI, Nasrin; FREVERT, Tonya K. **I wish I could rank my exam's challenge level!:** An algorithm of Bloom's taxonomy in teaching CS1. In: 2017 IEEE Frontiers in Education Conference (FIE). IEEE, 2017. p. 1-5. Educadigital, I. (2014). Kit de Design Thinking para Educadores. Disponível em http://www.dtparaeducadores.org.br/. Acessado em 09 novembro de 2021.

FAVA, Rui. **Trabalho, educação e inteligência artificial:** a era do indivíduo versátil. Porto Alegre: Penso, 2018.

FERRARI, Anusca. **Digital Competence in Practice:** an analysis of Frameworks. Sevilla: JRC IPTS.2012.

FILATRO, Andrea; CAVALCANTI, C. C. **Metodologias Inovativas na educação presencial, a distância e corporativa**. 1ª Edição. São Paulo: Saraiva Educação, 2018.

FILATRO Andrea; LOUREIRO, Ana Claudia. **Novos produtos e serviços na Educação 5.0** (Tecnologia Educacional). eBook Kindle. Ed. Artesanato Educacional. Data da publicação: 2020.

FRAUCHES, Celso da Costa. F845 **Educação 4.0:** Gestão de IES em tempos de mudanças radicais [Recurso Eletrônico] / Celso da Costa Frauches – 1. ed. – Brasília : IEAL, 2018. Modo de acesso: World Wide Web: <https://andragogia.net.br/>

HORN, M. B; STAKER, H.. **Blended:** usando a inovação disruptiva para aprimorar a educação [recurso eletrônico]/ Michael B. Horn, Heather Staker; [tradução: Maria cristina Gularte Monteiro; revisão técnica: Adolfo Tanzi Neto, Lilian Bacich]. - Porto Alegre: Penso, p. 34-35, 2015. ePub.

KIZILCEC, RF, PIECH, C., & SCHNEIDER, E.. **Desconstruindo o Desengajamento:** Analisando Subpopulações de Alunos em Cursos Online Abertos Massivos. In *Proceedings of the Third International Conference on Learning Analytics and Knowledge, LAK 2013* . Leuven, Bélgica. | Gravação de uma palestra em conferência.

KOLB, D. A. (1984). **Experiential Learning:** Experience as the Source of Learning and Development. Englewood Cliffs: Prentice-Hall.

LÉVY, Pierre. **Cibercultura.** (Trad. Carlos Irineu da Costa). São Paulo: Editora 34, p. 43, 2009.

LIMA M. Sales S.; NASCIMENTO, K. A. Silva do; NETO, C. S. Lima; FILHO, J. A. de Castro. **Aplicativo de Desenho do *Google Drive*:** uma análise com foco na aprendizagem colaborativa com suporte computacional. V Congresso Brasileiro de Informática na Educação (CBIE 2016) - Anais do XXII Workshop de Informática na Escola (WIE 2016). UFC – Fortaleza – CE.

LIMA, Robson C. L. L. de. **Tecnodocência:** integração entre tecnologias digitais da informação e comunicação e docência na formação do Professor. eBook Kindle.

LOPES, Claudia M. Amigo.. **Ensino Híbrido na Educação Profissional e Tecnológica na Perspectiva do Professor.** In: Congresso de Tecnologia na Educação, 2019, Caruaru - Pernambuco. Metodologias Disruptivas na Educação: formas inovadoras de ensinar e aprender. Caruaru: SENAC, 2019. v. Poster. p. 01-12.

LOPES, Claudia M. Amigo. **Núcleo de ensino digital para professores na modalidade a distância:** avaliação de uma proposta. CIET:EnPED 2020 - Ressignificando a Presencialidade - Congresso Internacional de Educação e Tecnologias/ Encontro de Pesquisadores em Educação a Distância. Disponível em: https://cietenped.ufscar.br/submissao/index.php/2020/article/view/1239. Acesso em 29-jun-2021.

LOPES, Claudia M. Amigo. **Relato na perspectiva dos professores quanto aos desafios enfrentados para consolidar o ensino híbrido:** experiências e demandas.ESUD/CIESUD XVI Congresso Brasileiro de Ensino Superior a Distância. V Congresso Internacional de Educação Superior a Distância. Teresina - Piauí, 2019.

LUCAS, M.; MOREIRA, A. **DigCompEdu:** quadro europeu de competência digital para educadores. Editora Aveiro: UA, 2018.

MARTINS E. Rosa; GOUVEIA L. M. Borges. Google **Drive na aprendizagem colaborativa.** Educação e tecnologias [recurso eletrônico]: experiências, desafios e perspectivas 2 / Organizadora Gabriella Rossetti Ferreira. – Ponta Grossa (SP): Atena Editora, 2019. – (Educação e Tecnologias: Experiências, Desafios e Perspectivas; v. 2)

MARTINS, Ronei Ximenes. **A COVID-19 e o fim da educação a distância:** um ensaio. Revista de Educação a Distância. ISSN 2359-6082 2020, v. 7, n. 1. Disponível em: https://www.aunirede.org.br/revista/index.php/emrede/article/view/620. Acesso em: 15 maio de 2020.

MATTAR, João. **Tutoria e interação em educação a distância** / João Mattar. - São Paulo: Cengage Learning, 2012. (Série Educação e Tecnologia).

MATTAR, João. **Games em educação:** como os nativos digitais aprendem. São Paulo: Pearson, 2010.

MESQUITA, Deleni. **Ambiente virtual de aprendizagem:** conceitos, normas, procedimentos e práticas pedagógicas no ensino a distância/ Deleni Mesquita, Dilermando Piva Jr., Elizabete Briani Macedo Gara. - 1. ed. - São Paulo: Érica, 2014.

MILLI, Daniel; SANTIAGO, Glauber. **Luzes sobre a Aprendizagem Ativa e Significativa :** proposições para práticas pedagógicas na Cultura Digital / organizadores: Daniel Mill, Glauber Santiago. — São Carlos : SEaD-UFSCar, 2021.

MORA, Francisco. **Neuroeducación:** Solo se puede aprender aquello que se ama Paperback – Spanish Edition. June 1, 2017.

MOREIRA, Daniel A.; QUEIROZ, Ana C. S. **Inovação organizacional e tecnológica.** São Paulo: Thomson Learning, 2007.

NEVES, Vander José das.; LIMA, Maria Tereza; MERCANTI, Luiz Bittencourt; COSTA, Denny José Almeida. **Metodologias ativas:** inovações educacionais no ensino superior. Campinas, SP: Pontes Editores, 2019.

ORTIZ, J. O. de S. ; KWECKO, V.; TOLÊDO, F.; DEVINCENZI, S.; BOTELHO, S. S. da C. **Recursos Educacionais Abertos:** Uma Análise dos Objetivos de Aprendizagem Referenciados pela Taxonomia Digital de Bloom. IX Congresso Brasileiro de Informática na Educação (CBIE 2020). Anais do XXXI Simpósio Brasileiro de Informática na Educação (SBIE 2020).

PERRENOUD, Philippe **Desenvolver competências ou ensinar saberes?** A escola que prepara para a vida. Porto Alegre: Penso, 2013.

PERRENOUD, Philippe. **Dez novas competências para ensinar.** Porto Alegre: Artes Médicas Sul, p. 7 e p. 139, 2000.

POLIZELLI, Demerval L., Ozaki,Adalton M. **Sociedade da Informação:** os desafios da era da colaboração e da gestão do conhecimento. São Paulo: Saraiva, 2008.

QUEVEDO-CAMARGO, Gladys. **Avaliação online:** um guia para professores. Araraquara: Letraria, 2021.

REIS, J. T. da C.; SILVA, E. C. da; SANTOS, A. S; SOUZA, B. F. da S. S.; GOMES, A. V. **Relato de experiência acerca de uma proposta de tutores de um curso técnico em tecnologia da informação**. ESUD 2018 20 a 23/11/2018. Disponível em: https://esud2018.ufrn.br/wp-content/uploads/188572_1ok.pdf. Acesso em 31 de agosto de 2019.

ROCHA, Daiana Garibaldi da; OTA, Marcos Andrei; HOFFMANN, Gustavo. **Aprendizagem digital:** curadoria, metodologia e ferramentas para um novo contexto educacional/ Organizadores Daiana Garibaldi da Rocha, Marcos Andrei Ota, Gustavo Hoffmann. - Porto Alegre: Penso, 2021.

SANTAELLA, Lucia. **Comunicação ubíqua:** repercussões na cultura e educação. São Paulo: Paulus, P. 21, 2013. (Coleção Comunicação).

SCHLOCHAUER, Conrado. **Lifelong learners - o poder do aprendizado contínuo:** aprenda a aprender e mantenha-se relevante em um mundo repleto de mudanças - São Paulo: Editora Gente, 2021.

SCHWAB, Klaus. **A quarta revoluçao industrial** [livro eletrônico]/ Klaus Schwab; tradução Daniel Moreira Miranda. – São Paulo: Edipro, 2019.

SILVA, Cassandra Ribeiro de O. **MAEP:** um método ergopedagógico interativo de avaliação para produtos educacionais informatizados. 2002. Florianópolis. Tese (Doutorado em Engenharia de Produção) - PPGEP/UFSC. p.224, 2002.

SILVA, Ketia K. A. da; BEHAR, Patricia A. **Competências digitais na educação:** uma discussão acerca do conceito. Educação em Revista, Belo Horizonte -v.35- e209940, p.8 e p.14, 2019. UFRGS, Porto Alegre, RS, Brasil.

TORRES, P. L.; IRALA, E. A. F. **Aprendizagem colaborativa:** teoria e prática. _____ In: Complexidade: redes e conexões na produção do conhecimento. Curitiba: Senar, p. 61-93, 2014.

TUNA, F. **Students' perspectives on active learning in Geography:** a case study of level of interest and usage in Turkey. European Journal of Educational Studies, 4(2), 163-175, 2012.

UNESCO. **Padrões de competência em TIC para professores:** módulos de padrão de competências. Paris: Unesco, 2006. Disponível em: http://unesdoc.unesco.org/images/0015/001562/156207por.pdf . Acesso em: 3 ago. 2021.

ZUIN, V. G.; ZUIN, A. Á. S. **A formação no tempo e no espaço da Internet das Coisas.** Educ. Soc., Campinas, v. 37, nº. 136, p.757-773, jul.-set., 2016. http://www.scielo.br/pdf/es/v37n136/1678-4626-es-37-136-00757.pdf.

GLOSSÁRIO

App Store - O termo significa Loja de aplicativos (do inglês, application store). App é a abreviação de aplicativo.

Aprendiz - No processo de aprendizagem, tem interação de forma controlada em relação ao material educacional disponível nos cursos, participa continuamente nos trabalhos apresentados individualmente ou em grupo, tem participação em testes e avaliações.

Aprendizagem híbrida - Combinação num mesmo curso, de diversas modalidades de ensino e aprendizagem. Ex.: curso oferecido tanto através de tecnologias para e-learning, como métodos tradicionais do ensino presencial.

Autoaprendizagem - Modalidade em que o aprendiz, a partir de material didático disponível e orientações pedagógicas específicas, aprende e constrói seu próprio conhecimento, de acordo com seu próprio ritmo e organização de tempo.

Bit.ly - Website gratuito utilizado para a redução de URLs antes do compartilhamento de links, garantindo também alguns dados para a análise de acesso dos endereços escolhidos.

Canva - Ferramenta online e gratuita de criação gráfica.

Conteúdo colaborativo - Material didático ou documentos elaborados de forma a permitir a participação colaborativa de pessoas ligadas ou não ao projeto.

Conteúdo Digital - Qualquer tipo de conteúdo que existe sob a forma de dados digitais codificados num formato legível por máquina, que podem ser criados, visualizados, distribuídos, modificados e armazenados por meio de tecnologias digitais. São exemplos de conteúdo digital: páginas web e websites, mídias sociais, dados e bases de dados, áudio digital (como o mp3, mp4), e-books, imagens digitais e vídeos digitais.

Deep Learning - quando falamos de aprendizado profundo, estamos nos referindo a uma parte do aprendizado de máquina que utiliza algoritmos complexos para "imitar a rede neural do cérebro humano" e aprender uma área do conhecimento com pouca ou sem supervisão.

Designer instrucional - Profissional que cria conteúdos educativos com base em metodologia sistemática relativa a processos de ensino e aprendizagem.

Ferramentas digitais - Tecnologias digitais usadas com um determinado objetivo ou para desempenhar uma função específica, ex.: processamento de informação, comunicação, criação de conteúdo, segurança ou resolução de problemas.

Fórum Temático: sistema que permite a discussão em grupo sobre os mais variados assuntos e que possibilita o armazenamento das mensagens trocadas em determinado local.

Hashtag # - sinal tipográfico para cerquilha, conhecido no universo das redes sociais como Hashtag. É utilizado para indicar palavras relevantes dentro de determinado contexto, indexando-a no diretório de busca de redes como o Twitter, Facebook, Google e Instagram, por exemplo, em forma de hiperlink ou atalho para busca daquele conteúdo marcado.

Machine Learning - em vez de programar regras para uma máquina e esperar o resultado, conseguimos deixar que a máquina aprenda essas regras por conta própria a partir dos dados, chegando ao resultado de forma autônoma. As recomendações personalizadas na Netflix e na Amazon, por exemplo, indicam os títulos de acordo com o que o usuário assiste. Conforme você inclui dados ou assiste aos filmes o sistema aprende o que você gosta.

Multimídia - qualquer combinação de texto, arte gráfica, som, animação e vídeo transmitidos pelo computador.

Objetos de aprendizagem - São itens distintos que podem ser integrados em aulas. Como exemplo, podemos citar as animações, vídeos, simulações, jogos educacionais e textos multimídias.

Offline - Na computação, o termo significa literalmente fora do ar ou fora da rede. Por exemplo, uma página tirada provisoriamente da rede é chamada de temporariamente offline.

Online - Termo que designa o estado de um computador quando ele está ligado a outro pertencente ou não a uma rede. Indica que uma atividade é desenvolvida por ou através da internet (Web ou Rede).

Plano de aula - é um instrumento de trabalho do professor, nele o docente especifica o que será realizado dentro da sala, buscando com isso aprimorar a sua prática pedagógica, bem como melhorar o aprendizado dos alunos.

Podcast - Forma de publicação de arquivos de mídia digital (áudio, vídeo, foto ,entre outros) pela Internet.

Processamento de Linguagem Natural - esse processamento utiliza as técnicas de machine learning para encontrar padrões em grandes conjuntos de dados puros e reconhecer a linguagem natural.

Serviços digitais - Serviços que podem ser prestados através de comunicação digital, como a internet ou rede móvel, que podem incluir entrega de informação digital (dados, conteúdo) e/ou serviços comerciais. Podem ser públicos ou privados, ex.: governo eletrônico (e-government), serviços bancários digitais (e-banking), comércio eletrônico (e-commerce), serviços de música (ex. Spotify) serviços de filmes/TV (ex. Netflix).

Tags - em inglês quer dizer etiqueta, na internet são palavras que servem justamente como uma etiqueta e ajudam na hora de organizar informações, agrupando aquelas que receberam a mesma marcação, facilitando encontrar outras relacionadas.

Tecnologia Digital da Informação e Comunicação (T.D.I.C) - qualquer produto ou serviço que possa ser utilizado para criar, visualizar, distribuir, modificar, armazenar, recuperar, transmitir e receber informação, eletronicamente, num formato digital. Exemplos de TDIC: internet, websites, redes sociais, bibliotecas online, programas, aplicações, ambientes virtuais, jogos, computadores pessoais, dispositivos móveis e quadros interativos.

T.I.C. - Tecnologia de Informação e Comunicação.

T.D.I.C - Tecnologias Digitais da informação e comunicação.

Tutorial - Evento interativo que envolve o fornecimento de feedback ao aluno sobre as tarefas e atividades já executadas, bem como orientação das tarefas a serem executadas.

URL - Endereço virtual de rede. Popularmente entendido como link ou endereço de alguma página online.

www.ingramcontent.com/pod-product-compliance
Ingram Content Group UK Ltd.
Pitfield, Milton Keynes, MK11 3LW, UK
UKHW021957190726
13853UKWH00004B/1586

9 786500 351385